公司治理评论

REVIEW OF CORPORATE GOVERNANCE

2017年 第9卷 第2辑

主　编:李维安
副主编:武立东　王世权　李建标

经济日报出版社

图书在版编目（CIP）数据

公司治理评论. 第9卷. 第2辑 / 李维安主编. --北京：经济日报出版社，2019.5

ISBN 978-7-5196-0532-2

Ⅰ. ①公… Ⅱ. ①李… Ⅲ. ①公司-企业管理-文集 Ⅳ. ①F276.6-53

中国版本图书馆 CIP 数据核字（2019）第 080320 号

公司治理评论. 第9卷. 第2辑

主　编	李维安
责任编辑	陈礼滟
责任校对	杨欣萌
出版发行	经济日报出版社
社　址	北京市西城区白纸坊东街2号A座综合楼710
邮政编码	100054
电　话	010-63567684（总编室）
	010-63538621　63567692（发行部）
网　址	www.edpbook.com.cn
E-mail	edpbook@sina.com
经　销	全国新华书店
印　刷	北京建宏印刷有限公司
开　本	710×1000毫米　1/16
印　张	6.625
字　数	122千字
版　次	2019年5月第一版
印　次	2019年5月第一次印刷
书　号	ISBN 978-7-5196-0532-2
定　价	28.00元

目 录

CONTENTS

合法性缺失视角下目标企业CEO变更与国际并购绩效

——基于中国上市公司的实证研究①

张宁宁1 杜晓君2 张 泓2

(1山东大学经济学院,济南250100;2东北大学工商管理学院,沈阳110169)

摘要:目前关于CEO变更对企业经营绩效的影响结果学者们并未达成一致结论。基于此,在主并企业与东道国目标企业之间存在信息不对称的背景下,从合法性缺失视角出发,分析目标企业CEO变更对跨国企业国际并购绩效的影响,探索东道国制度质量、主并企业文化强度的调节作用,构建目标企业CEO变更与跨国企业国际并购绩效的概念模型。以2008—2012期间发生CEO变更的中国上市公司并购案为研究样本,利用逐步线性回归的方法进行实证研究。研究结果表明,目标企业CEO变更与跨国企业国际并购绩效之间是负相关关系,主并企业的文化强度则会加强两者之间的负相关关系。

关键词:CEO变更;国际并购绩效;信息不对称;合法性缺失;文化强度

一、引 言

国际并购是企业迅速获得市场资源和实现海外扩张的重要方式。近年来以中国为代表的新兴经济体的国际并购规模和数量不断增长,然而,由于国家间在语言、文化、商业实践方面的巨大差异使得成功完成国际并购整合并非易事。事实上,中国企业跨国并购的总体成功率并不高,很多企业并购后并未实现预期绩效目标,反而出现绩效下滑现象(Petersen &Pedersen,2002)。据麦肯锡一项最新研究数据显示,过去20年间,中国有67%的跨国并购失败,仅2008年一年中国企业跨国并购的直接经济损失已超过2000亿

① 基金项目:国家社会科学基金重点项目(15AGL006)。

作者简介:张宁宁,山东大学经济学博士研究生;杜晓君,东北大学工商管理学院教授,博士研究生导师;张泓,东北大学工商管理学院硕士研究生。

元。对于中国企业海外并购失败的主要原因体现在并购后人力资源的配置问题上，特别是并购后首席执行官（Chief Executive Officer，以下缩写为CEO）的配置问题。回顾已有关于CEO变更对企业并购绩效的研究，已有研究主要基于交易成本理论、组织学习理论、战略管理理论等研究理论与视角，尚比较缺乏从CEO变更角度分析并购绩效的研究。

已有有关国际并购绩效的研究，大多从并购绩效的影响因素展开研究，但是从企业在并购整合过程中目标企业CEO变更对并购绩效的研究却很少。回顾国内外有关企业CEO变更对企业绩效影响的研究发现，已有研究主要集中在以下理论或视角：一是，交易成本理论，由于国家间存在语言、制度、文化和法律等方面的差异，CEO的变更无疑会加大并购后的风险、投资成本与障碍，对国际并购绩效产生巨大影响。CEO变更会降低组织内部各成员间的非正式信息交流与反馈，降低员工间协调合作的自觉性、工作积极性及组织对外部环境变化的反应能力（Demsetz & Lehn，1985）。但交易成本理论的学者认为并购后的正式控制有利于企业绩效，可以减少由于信息不对称和机会主义的存在而导致的交易成本的损耗；二是，组织学习理论，该理论领域的学者认为并购后更换高管有利于制定合适的政策、规范和流程，使得知识、信息和技能在组织上下层级之间顺畅流动，进而促进知识的获取和学习效应的增加（Kim & Finkelstein，2009）。但也有学者对此提出质疑，由于政府、供应商和消费者等利益相关者社会关系网络的存在，目标企业CEO变更会导致这种关系网络的破裂，不利于组织间相互学习，使得被并企业里仍然留下来的管理人员产生对新旧交替、领导风格、企业战略变更等的质疑与不信任，降低企业的管理效率（Krug & Hegarty，2001）；三是，战略管理理论，相关学者从战略观层面认为变更CEO能够使得被收购企业与主并企业在战略上保持一致，降低机会主义风险（Walsh & Ellwood，1991）。陈健等（2006）通过实证分析上市公司控制权变化后CEO变更和企业绩效之间的关系，发现并购后CEO变更的上市公司绩效明显好于并购后CEO未变更的上市公司绩效。而已有有关并购企业产品组合战略的研究发现，并购后高层管理团队的变更，尤其是CEO的变更，容易使企业流失大量重要价值的人才以及社会资源。并购后CEO的变更会降低企业绩效（Shimizu et al.，2004）。

通过回顾CEO变更与国际并购绩效已有文献发现，尽管学者们已关注到CEO变更对企业绩效的影响，并主要从交易成本理论、组织学习理论、战略管理理论等理论与视角进行了探讨，但就影响结果来说，学者们却并未达成一致意见。且已有研究鲜有从合法性缺失这一视角来考虑CEO变更对国际并购绩效的影响，所以本文试图从合法性缺失这一视角出发，来探讨目标企业CEO变更与跨国企业并购绩效之间的关系，并研究东道国制度质量与主并方企业文化强度对这一关系的调节作用，一方面这对已有研究具有较好的理论补充，丰富了国际并购绩效研究因素的分析视角；另一方面已有研究即使关注到并购活动中CEO变更对企业经营的影响，也大多以国内并购为研究对象，而且多停留于理论分析阶段，缺乏有力的数据证明，本文从合法性缺失这一视角进行实证研究，提高了CEO变更对国际并购绩效的解释力。

二、文献回顾与研究假设

（一）目标企业CEO变更

跨国企业进入海外市场，因“外来人”的刻板印象而面临着规制合法性、规范合法性和认知合法性的缺失（Johanson & Vahlne，2009）。这些不同层面的合法性缺失，会阻碍主并企业在东道国获取市场资源，并降低信任度，进而对企业的国际并购绩效造成影响。而并购整合阶段，居于公司科层结构顶端的高层管理人员CEO的变更无疑会加重主并企业在东道国面临的合法性缺失程度（Bigley &Wiersema，2002），从而不利于绩效提升。已有学者实证研究检验CEO变更和跨国企业绩效的关系，发现并购后CEO变更会降低跨国企业绩效（Shimizu et al.，2004）。CEO作为企业战略决策和信号显示的核心，其改变会对绩效产生影响。具体而言，主要体现在：

一方面，规制、规范合法性的缺失不利于跨国企业获取市场资源和机会，而变更后的CEO会因“外来人”的刻板印象而面临获取市场资源和机会更加困难的情境。资源要素对企业的并购绩效起着显著作用，战略观认为，合法性是一种有助于企业获取其他资源的重要资源，是影响企业绩效的关键因素（Zimmerman & Zeitz，2002）。在并购整合过程中，由于法律体系完善程度和意识形态等的不同，变更后的CEO在制定或执行战略决策过程中，由于对东道国当地的法律、政策等不熟悉而面临着规制合法性的缺失；在国际并购中，变更后的CEO更多的是代表母国跨国企业的战略意图和意识，对于规范这种隐蔽的行为规范或价值观，成长于母国环境的跨国企业难以清晰明确地感知和理解东道国的社会规范（Pogrebnyakov & Maitland，2011），因此，CEO的变更同时也会面临着规范合法性的缺失问题。规制、规范合法性的缺失，降低了企业在东道国获取市场资源的能力，不利于绩效提升。

另一方面，认知合法性的缺失会降低跨国企业的可信度，变更后的CEO由于与东道国利益相关者之间存在信息不对称，从而面临认知合法性的缺失。并购整合阶段，变更后的CEO在战略决策过程中，不仅需要专业知识、技能和较高的预见能力，还需要适当的信息（周建和李小青，2012）。但变更后的CEO往往面临对东道国当地的文化、风俗、经营环境、市场环境等并不了解的情境，彼此间的信息不对称使得变更后的CEO缺少原CEO

在东道国关系网络的嵌入性而遭受"外来人"的刻板印象，从而遭受内外部利益相关者的不信任、排斥甚至歧视，最终导致认知合法性的缺失。合法性是利益相关者对组织行为的一种评价与感知(Bitektine，2011)，合法性的缺失容易使组织被公众认为是非理性与不值得信任的，不利于获取市场资源和机会，进而影响绩效提升。作为企业战略决策的高层管理者，CEO在制定企业可执行的战略决策时，由于面临着信息不对称以及企业决策参与者拥有不同的价值观和利益等问题，往往会引发组织的压制和利益相关者的质疑与不信任，从而带来合法性危机(李雪灵等，2011)，导致合法性缺失进而降低绩效。

实际上，并购后主并双方之间的信息不对称是妨碍并购整合顺利进行以及并购绩效较差的重要因素之一(Hansen，1987；Faccio & Masulis，2005)，而被并企业CEO的变更无疑会使双方间信息不对称程度更为严重，面临更为严重地合法性缺失，不利于绩效提升甚至降低绩效。作为企业战略决策主体的CEO，其企业战略决策行为需要积极寻求组织内外部利益相关者的认同，形成合法性机制(Oliver，1997)，从而规避绩效的降低。因此，目标企业CEO变更会造成合法性缺失，进而降低国际并购绩效。综上分析，提出以下假设：

假设1：目标企业CEO变更与跨国企业国际并购绩效呈负相关关系。

(二)东道国制度质量、主并企业文化强度的调节效应

1.东道国制度质量

制度质量是指一国制度水平的高低，良好的制度能够提高政府工作效率，优化资源配置，节约交易时间和交易成本(谢孟军，2013)。东道国的制度质量越高，意味着该国政治稳定性越高，市场经济体制越完善，法律法规越健全，信息透明度越强。本文将东道国制度质量分为政治制度质量和经济制度质量，且制度质量作为衡量东道国制度环境的指标。制度质量对目标企业CEO变更与绩效之间关系的影响主要体现在以下两个方面：

一方面，政治制度质量是指一个国家的政治治理水平。良好的治理水平可以提高办事效率，为企业发展提供稳定的政治环境。政治制度质量越完善，法律系统越有效、公平、透明，由于信息不对称而产生的机会主义、腐败、寻租等现象就会减少，交易成本及经济负担也会降低(潘镇等，2008)。已有研究认为只有一个国家建立可靠、有效的信息披露，才能减少跨国公司在东道国面临的信息不对称，才能赢得东道国利益相关者的认同和支持，进而获得合法性增加绩效。完善的制度质量可以使变更后的CEO在制定战略决策时更加有效地遵守东道国当地的法律、规章制度，从而做出合理有效的战略决策，使利

益相关者的利益得到保障并得到信任与认可，从而积极主动地赢得规制、规范合法性，使绩效得到提升。

另一方面，经济制度质量表示一个国家的市场经营环境。经济制度质量越高，代表东道国的市场机制越完善、企业间的信任度越高、社会关系网络越健全（祁春凌和邹超，2013）。东道国利益相关者由于对目标企业变更后的CEO拥有较少的信息，会采用“外来人”的刻板式判断，这会使得目标企业CEO将遭受不信任、不公平甚至歧视待遇，造成认知合法性缺失，不利于绩效提升。但在完善的市场交易机制下，新任CEO可以依托健全的制度快速建立信任机制和嵌入完善的社会网络中，从而获得利益相关者的认同、支持与信任，获得合法性。因此，制度质量可以弱化由于CEO变更而产生的合法性缺失甚至绩效降低的问题。

由于东道国对目标企业变更后的CEO了解的信息很少，容易产生怀疑与不信任，造成合法性缺失，不利于并购绩效提升。而良好的东道国制度质量可以使新上任的目标企业CEO迅速适应东道国环境，赢得利益相关者的认可与支持，获得合法性，促进并购绩效。综上分析，提出以下假设：

假设2：东道国制度质量越高，越能弱化目标企业CEO变更与跨国企业国际并购绩效之间的负相关关系。

2.主并企业文化强度

企业文化是企业组织共同价值观念的集合（Kreps，1990）。本文将文化强度作为企业文化的量化指标（王艳和阚铄，2014），文化强度越强则表明组织对其自身价值观念认同度越高。主并企业文化强度越强，其并购整合越困难，会显著降低其长期并购绩效（王艳和阚铄，2014），而CEO作为主并企业文化的载体，CEO的变更会显著影响并购绩效，主要原因有：

其一，文化差异的存在。文化差异导致并购方经营模式和理念难以与东道国当地社会固有的习俗观念相融合，从而影响并购后的整合进而导致并购绩效欠佳。而CEO的变更会加剧这种由于文化差异所带来的矛盾与摩擦，导致交易成本增加甚至合法性缺失，降低绩效。变更后CEO的企业行为代表的是主并企业的战略意图和目的，而在存在文化差异的背景下主并企业文化强度越强其企业行为越难获得目标企业内外部利益相关者的认可与支持，在并购整合阶段更难获得合法性，不利于绩效提升。此外，在文化差异这一特殊背景下，主并企业对于自身企业文化过高认同与自满情绪（Meyerson & Martin，1987；Weber & Drori，2011），可能使得变更后的CEO对并购后产生的战略变革和环境变化适应过慢，甚至做出错误的战略决策，很难赢得利益相关者的认可与支持，导致合法性缺失进而降低绩效。

其二，面临文化冲突。企业文化强度较高，企业对自身组织价值观念的高度认同会造成与目标公司并购整合困难，甚至产生文化上的冲突，不利于并购的协同效应（Datta & Puia，1995），进而影响绩效。这是因为文化强度较大的主并企业更倾向于向目标企业施加其自身意志，贯彻其主张，往往会导致文化上的强制融合，从而引发目标公司的抵触情绪，甚至引发文化冲突，这会加剧CEO变更所导致的企业内部成员的不认同感，导致企业内部合法性缺失。此外，文化强度较高也就意味着企业具有较为健全的管理模式和管理方法（Kavanagh & Ashkanasy,2006），而管理模式的差别可能会导致文化冲突。变更后的CEO在战略、业务上与母公司保持一致，往往采用母公司的管理模式和管理方法，这会使得目标企业利益相关者由于不熟悉而产生不适应与不信任行为，使主并企业难以获得合法性。

跨国公司在并购整合过程中，企业文化的整合实际上就是企业信仰、价值观和认知的统一整合。而主并企业与目标企业文化强度的不同，势必会存在文化差异甚至产生文化冲突，不利于合法性的获取，从而影响绩效。综上分析，提出以下假设：

假设3：主并企业文化强能够增强目标企业CEO变更与跨国企业并购绩效之间的负相关关系。

（三）概念模型

根据研究假设，构建目标企业CEO变更与国际并购绩效之间的概念模型，见图1。目标企业CEO变更对企业并购绩效的影响主要是从合法性缺失这一视角进行研究，东道国制度质量与主并企业文化强度作为目标企业CEO变更与企业并购绩效关系的情境变量。此外，已有研究认为企业规模、企业年龄、地理距离和股权比例皆会影响并购绩效（王谦等，2012），因此将其作为控制变量引入模型，避免这些因素对目标企业CEO变更与并购绩效关系的影响。

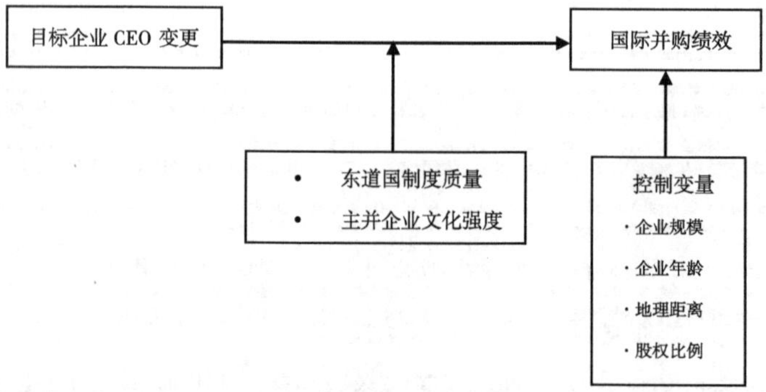

图1　目标企业CEO变更对跨国企业国际并购绩效影响的理论模型

三、模型构建

(一)数据来源及样本选取

鉴于中国海外并购活动在2008年后开始逐渐频繁，故将本文样本的初始年份限定为2008年，根据中国企业年报数据获取的时间性，将样本截止年限设定为2012年，本文衡量绩效的时间窗为两年。最终取在2008年至2012年发生跨国并购事件并且取得目标企业控制权的中国非金融企业为样本。为保证并购事件的真实性及信息披露的充分性，本文重点参考上海证券交易所官网(http://www.sse.com.cn)、深圳证券交易所官网(http://www.szse.cn)、巨潮资讯网(http://www.cninfo.com.cn/)、投资潮(http://www.investide.cn/)、并购企业官网、新浪财经(http://finance.sina.com.cn/)、BUSINESS TIMES (http://www.digitimes.com.cn/)等披露的相关公告或新闻，对本文选取的样本事件进行确认。

在核实并购事件信息的真实性后，为更准确反映相关研究变量间的关系，本文对从Zephyr数据库及Wind资讯中导出的2008—2012年中国跨国并购企业的初始样本进行筛选，具体筛选标准如表1所示，共收集到40起中国上市公司跨国并购事件作为研究样本，样本见表2。

表1　样本数据筛选标准

序号	标准	说明
1	并购股权大于50%，或并购股权小于50%但并购后主并企业成为目标企业第一大股东。	本文主体中CEO变更的前提条件为主并企业取得目标企业实际控制权，如此才能干预目标企业CEO的任命。
2	剔除2008-2012年间ST、*ST等特别处理的企业。	被冠上ST、*ST帽子的上市公司可能采取非正常方式增加企业收入，如资产置换、固定资产清理等，导致公司绩效非正常波动，对研究结论造成干扰。
3	主并企业为中国上市公司，且目标企业CEO变更信息可得。	为方便数据收集，选择上市公司作为研究样本；目标企业CEO变更是本研究的重点，数据的可得性是实证研究的重要前提。
4	剔除那些以企业集团出面收购却没有具体到其旗下某一上市公司的并购事件。	旗下拥有多家上市公司的企业集团出面收购的事件，无法判断并购会对哪一上市公司产生影响，而从集团总体绩效来看，干扰因素太多，无法准确量化并购事件的影响。
5	同一企业在2008-2012年间发生多起跨国并购事件的，选取并购金额最大的一起事件作为样本。	为了保证所选样本并购事件间的差异性，避免同一企业的多个样本干扰研究结果；通常认为金额最大的并购事件对企业绩效的影响最大。

续表

序号	标准	说明
6	剔除财务信息披露不完整的样本企业。	本文选择用会计指标法衡量企业绩效，财务数据的完整性是保证绩效综合得分有效的关键。
7	剔除目标企业所在国为维京群岛、开曼群岛、百慕大群岛等避税天堂。	出于避税或上市目的，很多企业选择在这些地方进行注册或借壳上市，因此本文认为对这些地区的跨国并购可能是同一投资主体内部资本运作的结果。

表2　中国上市公司跨国并购事件

主并企业证券简称	目标企业	东道国	时间
华能国际	大士能源	新加坡	2008
鞍钢股份	VIGANO	意大利	2008
中联重科	CIFA	意大利	2008
中化国际	GMG	新加坡	2008
金风科技	VENSYS	德国	2008
中海油服	Awilco Offshore ASA	挪威	2008
哈投股份	东方林业	俄罗斯	2008
中鼎股份	AB公司	美国	2008
新海股份	Unilight	荷兰	2008
中色股份	TZN	澳大利亚	2009
兖州煤业	Felix	澳大利亚	2009
苏宁云商	LAOX	日本	2009
飞亚达A	Montres Chouriet SA	瑞士	2009
光明乳业	Synlait Milk	新西兰	2010
大橡塑	麦克罗	加拿大	2010
柳工	锐斯塔	波兰	2010
振华重工	F&G	美国	2010
重庆机电	PTG	英国	2010
上海电气	秋山印刷机制造株式会社	日本	2010
中金岭南	全球星矿业公司	加拿大	2010
海印股份	KALAMAZON矿业	加拿大	2010
天宝股份	HOKUDAI株式会社	日本	2010
万华化学	BorsodChem公司	匈牙利	2011
卧龙电气	ATB公司	奥地利	2011
中信重工	GANDARA公司	西班牙	2011
宁波华翔	Sellner	德国	2011
时代新材	Delkor	澳大利亚	2011

续表

主并企业证券简称	目标企业	东道国	时间
四维图新	Mapscape	荷兰	2011
福瑞股份	Echosens	法国	2011
潍柴动力	凯傲	德国	2012
山东如意	库比	澳大利亚	2012
三一重工	普茨迈斯特	德国	2012
山东黄金	福克斯	澳大利亚	2012
金螳螂	HBA International	美国	2012
中润资源	瓦图科拉金矿	英国	2012
中集集团	Pteris	新加坡	2012
中瑞思创	MW Security	瑞典	2012
盐湖股份	海镁特	澳大利亚	2012
华意压缩	Cubigel公司	西班牙	2012
徐工机械	施维英	德国	2012

（二）变量及数据处理

1.因变量

已有研究对企业并购绩效的评价，通常以上市公司股价变动幅度或并购前后企业某一方面财务数据变化情况作为绩效评价的标准，却没有综合考虑并购对企业的整体影响，尤其是对企业获利能力、成长能力、营运能力及偿债能力的综合影响。Seyleret al.（1998）表示企业绩效应该属于多维建构，不同的测量因素所导致的测量结果也会存在较大差异。本文在参考相关文献的基础上，考虑到中国证券市场有效性还有待检验，最终采用较为客观且数据较易获得的会计指标法对本文样本的国际并购绩效进行分析，具体指标参照表3所示。

表3 绩效评价指标说明

指标名称	计算公式	企业能力
总资产报酬率	（利润总额+利息支出）/平均资产总额	获利能力
净资产收益率	税后利润/所有者权益	获利能力
流动比率	流动资产总额/流动负债总额	偿债能力
速动比率	（流动资产总额-存货）/流动负债总额	偿债能力
资产负债率	资产总额/负债总额	偿债能力
总资产周转率	营业收入净额/平均资产总额	运营能力
总资产增长率	（年末资产总额-年初资产总额）/年初资产总额	成长能力

绩效评价指标确定后，为更好地表达原始变量间的相关关系，本文采用因子分析法对样本企业并购前后的经营指标进行处理和分析。借助于SPSS19.0统计分析软件，对整理后各年度的数据依次进行多项检验和计算：(1)Zscore法对数据进行标准化；(2)KMO及Bartlett球形度检验对因子分析可行性分析进行描述（详见表4）；(3)因子总体方差解释表用于描述因子总体的解释程度及各因子的方差贡献率大小；(4)旋转后因子载荷矩阵用于衡量各因子对指标的解释力度；(5)成分得分系数矩阵用于计算各因子的得分以及综合得分。由于样本企业并购前后四年的分析方法和步骤是一样的，故此处以样本企业并购当年为例进行分析。

表4　各年度因子分析可行性分析结果

并购年限		并购前一年	并购当年	并购后一年	并购后两年
取样足够度的KMO检测		0.521	0.542	0.597	0.604
Bartlett的球形度检验	近似卡方	337.433	308.645	274.797	283.86
	df	21	21	21	21
	Sig	0.000	0.000	0.000	0.000

由表4可知，KMO检测均大于0.500，且Bartlett的球形度检验的Sig值均为0.000，小于0.005。因此，可得出检验结果是显著的，即这四年的指标体系均适合做因子分析。

表5为样本企业跨国并购当年因子总体方差解释及各因子方差贡献率，表6为对样本企业跨国并购前后四年的相关指标数据的因子分析处理后，所得到的公共因子方差贡献率。表7为样本企业跨国并购当年成分得分系数矩阵。

表5　样本企业跨国并购当年公共因子总体方差解释

成分	初始特征值			总体方差解释		
	合计	方差的%	累计%	合计	方差的%	累计%
1	2.906	41.512	41.512	2.636	37.655	37.655
2	2.126	30.375	71.887	1.973	28.185	65.840
3	0.931	13.302	85.189	1.354	19.349	85.189
4	0.624	8.909	94.098			
5	0.337	4.812	98.910			
6	0.074	1.061	99.971			
7	0.002	0.029	100.000			

提取方法：主成分分析。

表6　样本企业跨国并购前后四年公共因子的方差贡献率

因子方差贡献率(%)	并购前一年	并购当年	并购后一年	并购后两年
因子1	36.620	37.655	37.581	38.891
因子2	30.478	28.185	27.209	34.940
因子3	16.907	19.349	18.263	14.528
累计贡献率	84.006	85.189	83.053	88.360

由表6可知,公共因子累计方差贡献率均超过80%,说明本文提取的公共因子可以较完整的表达原始指标的数值。

表7　样本企业跨国并购当年成分得分系数矩阵

	成分		
	1	2	3
总资产报酬率	0.086	0.418	0.076
净资产收益率	0.040	0.281	0.293
流动比率	0.377	-0.067	0.127
速动比率	0.380	-0.068	0.138
资产负债率	-0.302	-0.196	0.257
总资产周转率	-0.068	0.517	-0.377
总资产增长率	0.029	-0.179	0.749

提取方法:主成分旋转阀:具有Kaiser标准化的正交旋转法。

公共因子得分计算公式为:$F_i = \sum_{j=1}^{7} b_{ij} x_j i = 1,2,3;\ j = 1,2,3...7$

(注:F_i为第i个公共因子的得分,b_{ij}是第i个公共因子对j个分析指标的因子得分系数,x_j为第j个分析指标标准化后的数值。)

利用SPSS19.0软件,我们可以在因子分析过程中在因子得分项中勾选"保存为变量",直接导出关于因子FAC_1,FAC_2,FAC_3的值。再根据方差赋权法,可以得到样本企业的综合绩效得分,公式为:$P_i = W_1F_{i1} + W_2F_{i2} + W_3F_{i3}$　$i = 1,2,3...40$(注:W_1, W_2, W_3 W_1,W_2,W_3分别为因子1,因子2,因子3的权重。)

以并购当年为例,则$P_i = (37.655/85.189)F_{i1} + (28.185/85.189)F_{i2} + (19.349/85.189)F_{i3}$,其中$i = 1,2,3...40$

从而我们可以得到四组描述样本企业并购前后四年的综合绩效得分的数据,设ΔCP(Comprehensive Performance)为并购前后样本企业绩效的变化值,定义:$\Delta CP_i = \Delta P_i = \left(P_{后两年} + P_{后一年}\right)/2 - \left(P_{当年} + P_{前一年}\right)/2$　$i = 1,2,3...40$

2. 自变量

本文自变量为目标企业CEO的变更(CEO Turnover)。借鉴Lehn& Zhao(2006)等学者的相关论述,本文将其定义为:若目标企业在被并购后的1年内其CEO被非自愿变更,则该变量值取1,否则取0。其中CEO非自愿变更是指:由于公司控制权转移而导致的CEO被非自愿地变更(吴超鹏等,2012)。

关于样本中目标企业CEO在并购活动发生后是否发生变更的信息,主要通过以下途径获取:①上市公司关于企业跨国并购活动的投资公告及进展情况;②通过国际网络查阅目标企业官方网站;③主并企业官方网站相关公告、并购当年年报信息的披露;④LinkedIn领英国际职业社交网站;⑤新浪财经、凤凰网、投资潮等权威财经类网站的信息披露、人物访谈等。

3. 调节变量

(1)东道国制度质量QI(Quality of Institution)

东道国制度质量的测量,主要参考潘镇等[19]的观点,即以世界经济论坛每年发布的《全球竞争力报告》中有关制度因素为指标进行测量。《全球竞争力报告》的竞争力排名是以全球竞争力指数(GCI)为基础的,这一指数包括制度、基础设施和宏观经济稳定性等12个竞争力因素。

从世界经济论坛主页(http://chinese.weforum.org/)下载了2008—2012年的《全球竞争力报告》(The Global Competitiveness Report),以报告中有关制度的指标得分为参考,具体以Basic Requirements分指标项下的Institution的排名和得分为参考,得到样本企业并购当年东道国制度指标的得分并将其作为测量东道国制度质量的指标。

(2)主并企业文化强度CS(Cultural Strength)

文化强度的测量,根据王艳和阚铄(2014)的观点,从3个层面对企业文化强度进行测量:一是组织制度层面,具体为在企业正式制度中对企业文化进行客观的陈述,如“企业使命”“企业愿景”等(Harrison et al.,1994;汤谷良和夏怡斐,2009);二是内部构建层面,通过员工培训、企业活动等形式向其企业成员输入核心文化和行为规范,促使企业组织的行为具有一致性和持久性;三是社会关系层面,企业通过产品、服务来输出自身的企业形象,同时以树立品牌文化的形式传递给外部环境中的利益相关者。

明确已有研究对企业文化的三个标准后,通过查阅样本企业官网的相关介绍、新闻动态以及企业领导专访、活动视频等公开资料,从组织制度、内部构建和社会关系3个层面刻画企业文化强度的大小:一是是否在企业官网、上市公告中对企业使命、愿景、战略规划等作清晰的陈述,有则取“1”,否则为“0”;二是是否有对员工进行企业文化方面的培训活动,向员工灌输企业核心价值观,有则取“1”,否则为“0”;三是是否在媒体上对企业文化进行广告宣传，有则取“1”，否则为“0”。最后，将这3个层面衡量企业文化强度的变量取值加总作为对企业文化强度大小的整体衡量。

4.控制变量

(1)企业规模SE(Size of Enterprises)

以主并企业在并购当年的总资产的自然对数值作为衡量企业规模的指标(Kusewitt，1985)，相关数据从上市公司对外发布的年报中获取。

(2)企业年龄AE(Age of Enterprises)

企业年龄代表着企业经营经验的丰富程度，经营经验能够帮助企业制定有效地经营战略，完成并购后的整合。以企业成立时间到并购当年所经历的物理时间表示企业年龄，数据从上市公司对外发布的年报中获取。

(3)股权比例ER(Equity Ratio)

股权比例的高低直接体现了主并企业对目标企业控制权的大小，该大小决定着主并企业在并购后实施整合的有效性，股权比例的大小对国际并购绩效有显著影响。鉴于股权比例对国际并购绩效的影响，本文将其作为控制变量。以并购时主并企业占有的股权比例来测量，数据来源于Zephyr数据库。

(4)地理距离GD(Geographical Distance)

根据已有文献发现，地理距离越大会使企业面临成本增加，信息不对称程度更为严重等现象，因此，本文认为地理距离与企业国际并购绩效间呈负相关关系，将其作为控制变量。根据Quer et al.(2011)的观点，借助谷歌地图，用母国首都与东道国首都间地球表面大圆距离乘以比例尺，并将计算结果取自然对数作为两国间地理距离的指标。

综上所述，本文所有变量及测量指标具体如下表8所示：

表8 变量汇总

变量类别	变量名称	测量指标
因变量	国际并购绩效(ΔCP)	并购后两年平均综合绩效得分减前两年平均综合绩效得分
自变量	目标企业CEO变更(CT)	虚拟变量(变更为1，其余为0)
调节变量	东道国制度质量(QI)	世界经济论坛每年发布的《全球竞争力报告》中关于制度(Institution)的得分
	主并企业文化强度(CS)	三方面衡量，计总得分(取值范围为0–3)
控制变量	主并企业规模(SE)	主并企业并购当年总资产的对数
	主并企业年龄(AE)	主并企业成立的年限
	股权比例(ER)	主并企业并购当年获得的目标企业股权比例
	地理距离(GD)	东道国与母国首都间的地理距离(公里)取对数

四、实证检验及结果分析

(一)变量的描述性分析

如表9所示，给出本文中所涉及变量的描述性统计分析，包括变量的极小值、极大值、平均值以及标准差。

表9 变量的描述性统计分析

变量	极小值	极大值	平均值	标准差
ΔCP	-46.0593	5.0256	-11.599398	11.7311864
CT	0	1	0.57	0.501
QI	3.29	6.19	5.1652	0.70610
CS	1	3	2.12	0.791
SE	8.9415	11.2199	10.016850	0.6523949
AE	3	32	14.68	5.868
ER	12.29%	100.00%	78.0158%	30.86303%
GD	7.6546300	9.3211750	8.889821263	0.4221719658

从表9可以看出，ΔCP的平均值为-11.599398，表明总体来看，并购活动对主并企业绩效的影响是负的，而其标准差为11.7311864，表明企业间综合评价绩效的差异性较大，这与实践中并购或达到预期带来高收益，或失败带来较大损失的情况是一致的。CT的均值为0.57，表明样本整体上略偏向于目标企业CEO发生变更。QI的极大值为6.19，极小值为3.29，均值为5.1652，表明样本企业所选择的东道国的制度质量普遍偏高，且标准差为0.70610，表明样本间QI的差异性很小，这与实际情况也是相符的，即中国企业海外并购多集中于几大区域，如北美洲、日本、欧洲等。CS均值为2.12，标准差为0.791，极大值为3，极小值为1，这表明样本企业的总体文化强度较高，本文认为这是由于所取样本企业多为大型企业，具有较为清晰的企业愿景以及较为完善的人才培训体系。SE的极大值为11.2199，平均值为10.016850，接近极大值，而其标准差仅为0.6523949，表明所选样本企业的企业规模普遍较大，这与本文选取中国上市企业且需对目标企业完成实际控制权的选取标准有关。本文所涉及的自变量目标企业CEO变更的研究前提为主并企业取得目标企业的实际控制权，因此对主并企业的资源整合能力、财务能力等有着隐性的要求，导致样本企业中绝不多数为大型跨国企业。AE均值为14.68，表明所选样本企业成立年限普遍较长。ER均值为78.0158%的原因也是如此，实际控制权的要求导致主并企业持有目标企业的股权比例较高。而GD的均值为8.889821263，极小值为7.6546300，且标准差

仅为0.4221719658，表明样本企业进行的跨国并购所选取的东道国区位普遍距离较远。

（二）变量的相关性分析

表10为本文所涉及的所有变量间的相关性检验结果，所得数据来自SPSS19.0对所有变量进行PEARSON分析的结果。

表10 所有变量间相关性检验结果

	Δ*CP*	CT	CS	QI	GD	SE	AE	ER
Δ*CP*	1	−0.348**	−0.351**	−0.127	−0.124	−0.065*	0.352*	0.117
CT		1	−0.121	−0.217	−0.272*	0.005	−0.048	−0.016
CS			1	0.026	0.251	0.307*	−0.129	−0.143
QI				1	−0.043	−0.077	0.095	−0.208
GD					1	−0.233	0.167	0.059
SE						1	−0.039	−0.288*
AE							1	
ER								1

注：*.p<0.1；**.p<0.05；***.p<0.01。

（三）实证结果与分析

利用SPSS19.0软件，采用逐步线性回归的方法对本文理论模型进行实证检验，分析结果如表11所示。

表11 目标企业CEO与国际并购绩效间的回归分析

变量	1	2	3	4	5	6
CT		−0.098*** (0.034)	−0.118** (0.036)	−0.119*** (0.034)	−0.101*** (0.034)	−0.087*** (0.032)
QI			−0.053** (0.024)	−0.053** (0.024)		
CT×QI				0.019 (0.050)		
CS					−0.046* (0.023)	−0.027 (0.023)
CT×CS						−0.119** (0.049)
SE	−0.017 (0.030)	−0.022 (0.027)	−0.033 (0.026)	−0.032 (0.027)	−0.003 (0.029)	0.001 (0.961)

续表

变量	1	2	3	4	5	6
AE	0.008** （0.003）	0.008** （0.003）	0.008** （0.003）	0.007** （0.003）	0.006* （0.003）	0.005* （0.003）
ER	5.565E−5 （0.001）	1.784E−5 （0.001）	0.000 （0.001）	0.000 （0.001）	0.000 （0.001）	−0.001 （0.001）
GD	−0.059 （0.045）	−0.092** （0.042）	−0.104** （0.043）	−0.105** （0.041）	−0.060 （0.044）	−0.029 （0.043）
调整后R平方	0.168	0.329	0.417	0.420	0.400	0.494
F值	1.765	3.337**	3.937***	3.31***	3.670***	4.464***

注：*. p<0.1；**. p<0.05；***. p<0.01；括号内为标准差值。

由表11的模型2可知，在控制了企业规模、股权比例及地理距离的条件下，目标企业CEO变更与国际并购绩效间呈显著负相关性，p值小于0.01，假设1得到证明。

在检验东道国制度质量及主并企业文化强度的调节作用时，参考已有关于调节变量研究，采用层级回归的方法进行检验（董维维等，2012）。在东道国制度质量的调节作用检验中，本文首先对自变量、调节变量进行中心化处理以避免多重共线性的影响，然后按照如下公式进行层级回归检验：

模型2：$\Delta CP=\beta_0+\beta_1 CT+\varepsilon$

模型3：$\Delta CP=\beta_0^{'}+\beta_1^{'}CT+\beta_2 QI+\varepsilon$

模型4：$\Delta CP=\beta_0^{''}+\beta_1^{''}CT+\beta_2^{'}QI+\beta_3 CT\times QI+\varepsilon$

由表11的模型4的相关检验结果可知，目标企业CEO变更与东道国制度质量的交互项、国际并购绩效间不存在显著相关性，因此本文认为东道国制度质量对目标企业CEO变更与跨国企业国际并购绩效间的负相关性没有调节作用，假设2无法得到验证。对于这一结果，本文认为可能是因为选取的样本企业所并购的目标企业所在国的制度质量普遍偏高。正如描述性分析中所说的，QI的均值接近极大值，且标准差仅为0.7，表明样本间QI的差异性很小，即样本企业所选择的东道国QI普遍偏高，这与现实中中国企业海外并购集中于几大区域的实际情况相符。因此，在检验东道国制度质量的调节作用时，由于样本间差异性较小，导致其调节效应不显著。

关于主并企业文化强度对目标企业CEO变更与跨国企业国际并购绩效的负相关性的调节作用的检验，本文构建如下模型进行层级回归检验：

模型2：$\Delta CP=a_0+a_1 CT+\varepsilon$

模型5：$\Delta CP=a_0^{'}+a_1^{'}CT+a_2 CS+\varepsilon$

模型6：$\Delta CP = a_0'' + a_1''CT + a_2'CS + a_3CT \times CS + \varepsilon$

由表11模型6的检验结果可知，交互项$CT \times CSCT \times CS$与国际并购绩效间存在显著相关性（p<0.01），相关系数为-0.119。接着本文对中心化处理后的调节变量主并企业文化强度（cs）进行分组，分别取文化强度较高的为A组（cs>0.5）和文化强度较低的为B组（cs<-0.5）。如图2所示，当主并企业文化强度较高时，目标企业CEO变更对企业国际并购绩效的负向影响越大。因此，假设3得到验证，即主并企业文化强度越大，目标企业CEO变更对跨国企业并购绩效的负向作用越大。

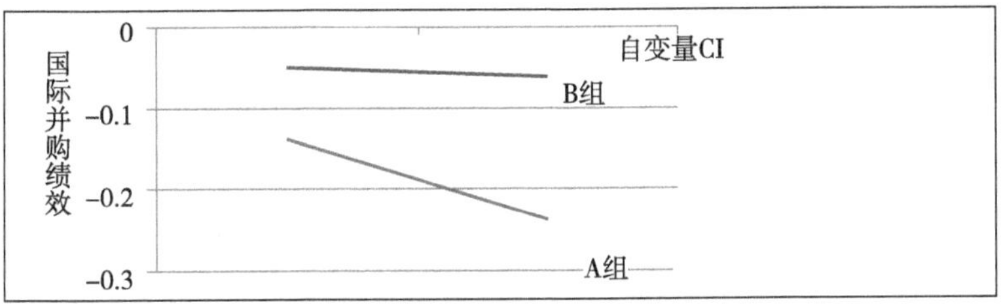

图2 文化强度调节效应图（1）

关于控制变量，从表11的检验结果可知，整体而言，企业规模、股权比例和地理距离这3个控制变量与跨国企业国际并购绩效不存在显著的相关性，而企业年龄与跨国企业国际并购绩效存在显著的正相关性。

首先，企业规模的符号总的来说是负向的，但不显著。本文认为，可能是由于以下两方面原因：一是近年来进行海外并购活动的中国企业的融资渠道有了较大的发展，中小企业可以利用杠杆效应完成跨国并购；二是大型企业跨国并购积累了一定的并购经验，弱化了学者们所说的“规模越大企业维持外部合法性就越困难”的现象（Kostova & Zaheer，1999）。

其次，股权比例的符号为负，且完全不显著。这可能是因为本文所选样本的特殊性导致的。在对初始样本进行筛选时，本文筛选了在并购当年主并企业取得目标企业大于50%股权或小于50%股权但并购后成为第一大股东的样本，这导致所取样本的股权比例显著偏高。从样本的描述性统计分析可以看出，ER的均值为78.0158%，系统差异性的不显著导致股权比例与国际并购绩效不存在显著的相关性。至于股权比例符号为负，本文认为，在取得一定控制权后，随着股权比例的增高，有可能导致东道国当地政府的关注和管制。

地理距离的符号均为负，但不显著。本文认为，这可能是因为所取样本中跨国企业选择的目标企业所在国大多处于欧洲和北美洲国家，如德国、法国、美国、加拿大等，因此导致样本差异性不明显。

最后，企业年龄的符号为正，且显著。该检验结果表明企业年龄对企业国际并购绩效有相反促进作用，验证了企业年龄对国际并购绩效的分析。

综合以上实证检验的结果，本文假设1，假设3得到验证，即目标企业CEO变更与跨国企业国际并购绩效呈显著负相关性，而主并企业的企业文化强度会加强目标企业CEO变更与国际并购绩效之间的负相关关系。

（四）稳健性检验

为保证回归检验结果的有效性和稳定性，本文用样本企业并购后两年总资产报酬率（ROA）的平均值减前两年总资产报酬率的平均值作为对跨国企业国际并购绩效的测量。将因变量测量指标替换为上述有关ROA的计算值后，利用SPSS19.0软件对表11中的各模型再次进行逐步线性回归检验，检验结果与之前结果基本一致，详见表12，调节效应如图3所示。

表12　稳健性检验结果

变量	1	2	3	4	5	6
CT		−0.055*** （0.012）	−0.057*** （0.012）	−0.057*** （0.012）	−0.057*** （0.010）	−0.053*** （0.010）
QI			−0.005 （0.009）	−0.005 （0.009）		
CT×QI				−0.004 （0.017）		
CS					−0.025*** （0.007）	−0.019** （0.017）
CT×CS						−0.036** （0.015）
SE	−0.012 （0.012）	−0.017** （0.009）	−0.018* （0.009）	−0.018* （0.010）	−0.006 （0.009）	−0.004 （0.008）
AE	0.002* （0.001）	0.002* （0.001）	0.002* （0.001）	0.002* （0.001）	0.001 （0.001）	0.001 （0.001）
ER	9.611E−5 （0.000）	7.949E−5 （0.000）	4.866E−5 （0.000）	4.829E−5 （0.000）	4.303E−5 （0.000）	7.352E−5 （0.000）
GD	−0.019 （0.017）	−0.038** （0.014）	−0.039** （0.015）	−0.039** （0.015）	−0.022* （0.013）	−0.014 （0.012）
调整后R平方	0.119	0.479	0.486	0.486	0.609	0.657
F值	1.179	6.260***	5.192***	4.329***	8.549***	10.552***

注：*.p<0.1；**.p<0.05；***.p<0.01；括号内为标准差值。

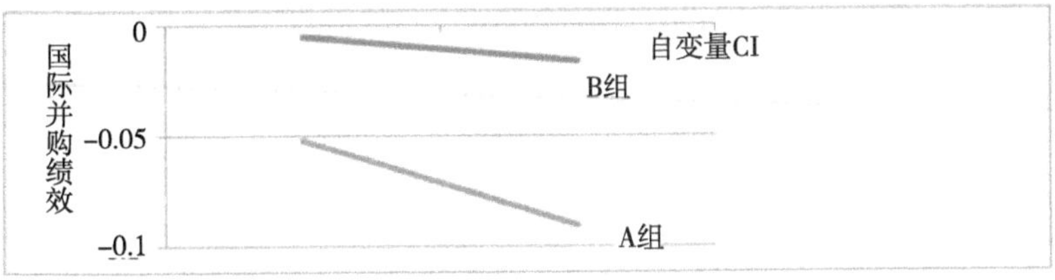

图3 文化强度调节效应图(2)

五、结论与启示

本文以2008—2012年进行跨国并购活动的40家中国上市企业国际并购事件为样本，检验目标企业CEO变更对国际并购绩效的影响，在发现目标企业CEO变更对国际并购绩效有显著负向影响的基础上，探讨东道国制度质量、主并企业文化强度两个情景因素对目标企业CEO变更与国际并购绩效关系的调节作用。研究结果表明：(1)在企业规模、企业年龄、地理距离和股权比例固定的情况下，目标企业CEO变更对跨国企业国际并购绩效有显著的负相关关系。即目标企业CEO变更会导致企业在东道国社会网络中的合法性缺失，从而导致并购绩效降低。(2)东道国制度质量，对目标企业CEO变更与跨国企业国际并购绩效间关系的调节作用不显著。对于这一结果，本文认为是由于样本企业海外并购的区域选择相对集中于制度质量较高的东道国，对研究样本的描述性分析很好地反映了这一点。(3)主并企业文化强度能够显著的调节目标企业CEO变更与跨国企业国际并购绩效间的负相关关系。即主并企业文化强度越强，目标企业CEO变更对国际并购绩效的负向作用越强，假设3得到验证。因此，本文结论：主并企业文化强度越强，目标企业CEO变更对跨国企业国际并购绩效的负向影响越强。

针对以上研究发现，本文主要从以下两个方面给出获取企业合法性、提高企业绩效的管理启示。(1)在国际并购中，建议保留目标企业原CEO以提高人力资源配置，促进绩效。保留目标企业CEO，一方面可以有效降低由于CEO变更导致的信息不对称程度更为严重，合法性缺失的情况，另一方面，保留原CEO能够在不引起目标企业社会资源、人力资源等流失的情况下逐渐了解目标企业的管理模式、企业文化，有利于主并企业与目标企业的信息共享、技术移植等，有利于主并企业在最小的损失下完成收购整合目标；(2)对于企业文化强度较大的主并企业，建议其在并购完成后采用过渡式的并购战略，保留目标企业原CEO，甚至是大部分管理层人员。有学者表明主并企业文化较强可能成为并购后文化整合的主要障碍，甚至导致与目标企业的文化冲突，而本文实证研究结果也表明主并企业文化强度确实会强化变更CEO所引起的并购绩效降低的现象，因此本文建议文化强度较大的企业采取渐进式并购战略，并购整合初期保留原来的CEO及管理层人员。

本文也存在一定的局限性。(1)关于样本的选取。为更加准确地反映所研究变量间的关系，本文对初始样本进行了严格的筛选（详见表1），包括剔除由未上市的集团本身出面的海外收购，对并购股权的要求，对目标企业CEO变更信息的可得性要求以及对上市企业所披露的财务信息的要求等。这在保证样本数据的规范性和准确性的同时，也明显降低了样本数量和样本多样性。(2)CEO的变更是基于一个动态内容的考查。基于二手数据构建的实证检验结果无法反应企业经营过程中的动态变化过程，如对企业并购绩效的测量，选择样本企业每年披露的财务报告为根据，而年报中所披露的数据无法反映企业这一年中绩效变化的情况。在跨国并购活动中，目标企业CEO变更对企业并购绩效的影响可能是一个呈倒U型的动态过程，可能刚开始变更的时候降低了企业合法性，但随着新任CEO制定有效且针对性的政策后又获取了部分的合法性。但由于本文在研究资源、时间序列上的限制，仅从结果上发现企业绩效降低了，这无疑会造成研究结论与现实情况存在一定的差异。

因此，基于上述两点，本文希望未来的研究一方面能够扩充样本数量，增加样本间的差异性，对本文研究结论的普适性进行检验；另一方面希望未来的研究能够细化样本企业关于目标企业CEO变更以及与之相对应的绩效的动态变化过程，如选择较小的时间间隔，与样本企业高层管理者进行半结构化访谈、正式访谈等形式。此外，希望未来研究可以从目标企业原CEO的政治关联性、新任CEO的特征等方面进行研究，加强本文结论在不同情境下的适用性。

参考文献：

[1] Bigley, G., Wiersema, M. New CEOs and corporate strategic refocusing: How experience as heir apparent influences the use of power. Administrative Science Quarterly, 2002, 47(4):707-727.

[2] Bitektine, A. Toward a theory of social judgments of organizations: The case of legitimacy, reputation, and status.Academy of Management Review, 2011, 36(1):151-179.

[3] Datta, D. K., Puia, G. Cross-border acquisitions: An examination of the influence of relatedness and cultural fit on shareholder value creation in U.S. acquiring firms. Management International Review, 1995, 35(10):337-359.

[4] Demsetz, H, Lehn, K. The structure of corporate ownership: Causes and consequences.Journal of Political Economics, 1985, 93(6): 1155-1177.

[5] Faccio, M., Masulis, R.W. The choice of payment method in European mergers and acquistions. The Journal of Finance, 2005, 60(3):1345-1388.

[6] Hansen, R. G. A theory for the choice of exchange medium in mergers and acquisitions. Journal of Business, 1987, 60

(1):75-95.

[7] Johanson, J.,Vahlne, J. E. The uppsala internationalization process model revisited: From liability of foreignness to liability of outsidership.Journal of International Business Studies, 2009, 40(9): 1411-1431.

[8] Kavanagh, M.H., Ashkanasy,N.M.The impact of leadership and change management strategy on organizational culture and individual acceptance of change during amerger.British Journal of Management,2006,17(S1): S81-S103.

[9] Kim, Ji-Yub, Finkelstein,S. Theeffects of strategic and market complementarityon acquisition performance: Evidence from the U.S. commercial banking industry, 1989-2001. Strategic Management Journal,2009, 30(6):617-646.

[10] Kostova,T., Zaheer, S. Organizational legitimacy under conditions of complexity: The case of the multinational enterprise.Academy of Management Review, 1999, 24(3):64-81.

[11] Kreps,D.M. Corporate culture and economic theory. Perspectives on Positive Political Economy, 1990,(90):109-110.

[12] Krug,J., Hegarty,W. Predicting who stays and leaves after an acquisition: A study of top managers in multinational firms. Strategic Management Journal, 2001,22(4): 185-196.

[13] Kusewitt, J. B. An exploratory study of strategic acquisition factors relating to performance. Strategic Management Journal, 1985, 6(2):151-169.

[14] Lehn, K. M., Zhao,M. CEO turnover after acquisitions: Are bad bidders fired?Journal of Finance, 2006, 61(4):1759-1811.

[15] Meyerson, D., Martin, J. Cultural change: An integration of three different views. Journal of Management Studies, 1987, 24(6):623-647.

[16] Oliver,C. The influence of institutional and task environment relationships on organizational performance: The Canadian construction industry. Journal of Management Studies, 1997, 34(1):99-124.

[17] Petersen, B., Pedersen, T.Coping with liability of foreignness: Different learning engagements of entrant firms. Journal of International Management,2002,8(3):339-350.

[18] Pogrebnyakov, N., Maitland, C. F. Institutional distance and the internationalization process: The case of mobile operators. Journal of International Management, 2011, 17(1):68-82.

[19] Quer, D., Claver, E., Rienda, L. Political risk, cultural distance, and outward foreign direct investment: Empirical evidence from large Chinese firms. Asia Pacific Journal of Management, 2011, 29(4):1-16.

[20] Seyler, D. L., Holton, I. E. F., Bates, R. A. et al. Factorsaffecting motivation to transfer training. International Journal of Training & Development, 1998, 2(1):2-16.

[21] Shimizu, K.,Hitt, M.,Vaidyanath, D. et al. Theoretical foundations of cross-border mergers and acquisitions:Areview of current research and recommendations for the future. Journal of International Management,2004,10(3): 307-353.

[22] Walsh, J.,Ellwood, J. Mergers, acquisitions, and the pruning of management deadwood. Strategic Management Journal, 1991, 12(3):201-217.

[23] Weber,Y., Drori,I. Integrating organizational and human behavior perspectives on mergers and acquisitions. International Studies of Management & Organization, 2011, 41(3):76-95.

[24] Zimmerman, M. A., Zeitz, G. J. Beyond survival: Achieving new venture growth by building legitimacy. The Academy of Management Review, 2002, 27(3):414-431.

[25] 陈健,席酉民,贾隽.并购后高管变更的绩效影响:基于中国上市公司的实证分析[J].南开管理评论,2006(1):33-37.

[26] 董维维,庄贵军,王鹏.调节变量在中国管理学研究中的应用[J].管理学报,2012 (12):1735-1743.

[27] 李雪灵,马文杰,刘钊等.合法性视角下的创业导向与企业成长:基于中国新企业的实证检验[J].中国工业经济,2011(8):99-108.

公司治理评论
Review of Corporate Governance

Target Enterprise CEO Changes with International M&A Performance in the Perspective of Lacking Legitimacy:

Empirical Research based on Chinese Listed Companies

Du Xiaojun Zhang Ningning Zhang Hong

(School of Business Administration, Northeastern University, Shenyang110169)

Abstract: Currently, scholars have not agreed on the conclusion aboutthe results of CEO changes effects on business performance.This, under the background of information asymmetry between enterprises, from the perspective of lacking legitimacy, analysis effects of target enterprise CEO changes on multinational enterprises international M&A performance and build a conceptual model, and explore adjust action of quality of host country system and main enterprise culture strength. With the CEO changes during 2008-2012 Chinese acquisition of listed companies as research samples and using the stepwise linear regression method. The result showed that the correlation relationship between target enterprise CEO changes and international M&A performance is negative, the main enterprise culture strength will strengthen the negative relationship between the two.

Keywords: CEO changes; international M&A performance; informational asymmetry; lack of legitimacy

金融中介机构声誉对创业板IPO定价效率的影响研究①

李笑冲 李延喜 史金艳

（大连理工大学管理与经济学部，大连116024）

摘要：基于我国创业板公司IPO抑价与破发共存的事实，选取2009年10月30日至2012年11月16日创业板IPO公司为样本，实证检验了会计师事务所声誉、承销商声誉和二者联合声誉对IPO定价效率的影响。实证研究发现：会计师事务所声誉与IPO定价效率不存在相关关系；承销商声誉与IPO定价效率存在显著的正相关关系，高声誉承销商参与的IPO定价效率明显高于低声誉承销商参与的IPO定价效率；会计师事务所与承销商声誉的联合作用与IPO定价效率不相关。研究表明，现阶段我国资本市场中，承销商声誉有助于IPO定价效率的提高，但会计师事务所声誉机制尚难以发挥作用。

关键词：金融中介机构；声誉；创业板；IPO；定价效率

一、引言与文献回顾

首次公开发行（IPO）抑价是指新股的首日交易价格高于发行价格的现象。越来越多的文献证明IPO抑价是各国证券市场的普遍现象，我国创业板自2009年10月推出以来，创业板公司同样存在着IPO高抑价的显著特征（郭海星等，2011）。与国外不同的是，正当抑价问题尚未解决时，创业板市场频现破发现象。自2010年5月20日奥克股份和劲胜股份上市首日跌破发行价后，不断有新股加入上市首日即破发的阵营。无论是破发还是抑价都会导致一、二级市场风险与收益的不匹配，降低了创业板市场的资源配置效率，不利于创业板市场的健康发展。

① **基金项目：**国家自然科学基金资助项目（71172136）。

作者简介：李笑冲，大连理工大学管理与经济学部博士研究生；李延喜，大连理工大学管理与经济学部教授，博士研究生导师；史金艳，大连理工大学管理与经济学部副教授，硕士研究生导师。

国外学者从委托代理理论（如Baron &Holmström，2003）、信息不对称理论（如Benveniste & Spindt，1989）、发行配置（如Bartling &Park，2010）、制度因素（如张峥和欧阳珊，2012）等角度，对抑价现象进行研究，并提出了多种理论和假说，其中信息不对称理论是其中较为流行的假说，认为IPO抑价的重要原因是发行公司和投资者之间存在着信息不对称。金融中介机构在股票发行过程中起着联结发行人和投资者的作用，具有双重的功能，既是保证市场运行的主体，又是发行人的监督审核机构，可以有效地缓解发行公司和投资者间存在的信息不对称问题。中国证监会于2013年11月30日发布的《中国证监会进一步推进新股发行体制改革的意见》中提出，保荐机构应当对发行人的申请文件和信息披露资料进行审慎核查，督导发行人规范运行，对其他中介机构出具的专业意见进行核查，并确保发行人的申请文件和招股说明书等信息披露资料真实、准确、完整、及时。会计师事务所等证券服务机构及人员，必须严格履行法定职责，遵照本行业的业务标准和执业规范，对发行人的相关业务资料进行核查验证，确保所出具的相关专业文件真实、准确、完整、及时。证监会充分强调了金融中介机构在IPO信息审核和披露中的责任。我国创业板股票的保荐人就是承销商，承销商和会计师事务所分别负责IPO过程中的“信息生产与认证”和“信息审计”，面临着信息的可信性问题，而金融中介机构声誉作为一种有效的鉴别机制，在一定程度上成为其服务质量的标志性变量。具有良好声誉的金融中介机构，维护其自身的声誉和保持自律的动机就越强，提供的信息质量越高，从而提高IPO定价效率。但是，从我国创业板折价与破发并存的现实来看，金融中介机构声誉机制是否发挥约束作用值得探讨。

国内外众多文献研究了金融中介机构声誉与IPO抑价之间的关系。许多学者从信息认证与信号传递的角度研究了金融中介机构声誉对IPO抑价的影响，提出高声誉金融机构会降低IPO抑价。Titman&Trueman（1986）认为，声誉较高的审计师和承销商等由于专业素质较高，能够获取更多的市场需求信息，提供了公司价值的真实信息，使IPO公司有效、准确地定价，降低IPO抑价。吴民（2010）对我国中小企业板块上市公司的研究表明，高声誉的会计师事务所可以有效地向投资者传递公司价值信息，从而使上市首日交易价格趋于理性，减轻IPO抑价。但也有文献发现，由于信息认证与信号传递途径的有效性可能会受到发行人偏好的影响，上市前金融中介机构作为反映公司内在价值的重要信号机制，往往伴随着IPO抑价的提高。Loughran&Ritter（2004），Liu&Ritter（2011）认为在公司上市过程中，发行人不只是注重价格信息的可靠传递，而是同时注重金融中介机构的专业素质和服务质量等声誉因素，发行人以承受部分抑价为代价获取这些声誉因素，这也使得高声誉的金融中介机构具有一定的影响IPO抑价的能力，即高声誉金融中介机构可能会导致较高的IPO抑价。

也有学者从定价失误与惩罚的角度提出，高声誉的承销商为避免不恰当的定价而导致的其市场份额的减少，力求准确定价，降低IPO抑价。例如，Jensen&Meckling（1976）、Leftwich et al.（1981）提出，当审计师导致过高抑价时，投资者的理性预期会使股价回落，对发行公司造成负面影响，因此发行公司有动机选择定价效率高的高声誉审计师，而定价效率低的审计师的市场份额就会下降。也有学者提出，如果声誉机制不完善，定价失误不一定会影响中介机构的声誉，那么高声誉的中介机构出于成功发行等动机可能会采取较高的抑价。尹蘅（2007）考察了我国承销商声誉的形成机制，认为目前我国的市场环境和制度环境对声誉机制形成不利，我国证券发行市场的各主体缺乏重复博弈的耐心，证券监管也被严重扭曲，导致即使过高的抑价也不会影响承销商在后期的市场份额。李妍（2010）的研究表明，我国承销商声誉与IPO抑价成正相关关系，原因在于我国股票发行定价制度的非完全市场化，并且声誉机制尚未建立。

国内外学者从理论和实证两方面深入探究了承销商等金融中介机构声誉对IPO抑价的影响，但大多忽略了金融中介机构声誉联合作用对IPO抑价的影响。在整个IPO过程中，承销商是发行人聘请的最重要的中介机构，既是股票发行的承销商，又是发行人的财务顾问，且往往还是发行人的保荐人。其主要职责是帮助发行人发售股票，对发行人申请文件、信息披露资料进行审慎核查，向中国证监会，证券交易所出具保荐意见，并对相关文件真实性、准确性和完整性负连带责任。对其所推荐的公司上市后的一段期间负有持续督导义务，并对公司在督导期间的不规范行为承担责任。这一过程中，与承销商关系最为密切的中介机构，莫过于会计师事务所。IPO中的会计师事务所承担着审计与未来盈利预测的重要职责。因为没有股票的公开交易信息，投资者只能依据IPO招股说明书、会计师事务所对未来盈利的预测等少量的金融信息对公司做出评价。会计师事务所对未来盈利的预测能够直接影响投资者判断，并进而影响IPO抑价。如果会计师事务所在IPO项目过程中执行了独立审计，经其审计的信息真实可靠，其与承销商之间相互监督，经其承办的IPO项目的抑价就会低，反之如果两类机构投资者之间出于获利动机，而置其声誉于不顾，二者间就可能存在合谋行为，加大IPO抑价。

因此，本文选取2009年10月30日至2012年11月16日的335个创业板IPO公司为样本，实证检验了金融中介机构声誉对IPO定价效率的影响。本文在以下方面对现有的研究构成了补充：第一，本文首次探讨了由于承销商或会计师事务所存在互相监督或全合谋行为而导致的二者声誉对IPO定价效率的联合影响，丰富了金融中介机构声誉对IPO抑价影响的现有研究；第二，在我国创业板公司破发与高抑价并存的背景下，结合我国创业板上市公司的特点，对IPO过程中金融中介机构声誉效应进行研究，提供了来自于新兴资本市场的经验证据；第三，从金融中介机构声誉的角度，阐释了中国创业板市场IPO定价效率低下的原因，为提升创业板市场的资源配置效率提供了新的解决思路。

二、理论分析与研究假设

（一）会计师事务所声誉与创业板IPO定价效率

一般说来，公司在上市前几乎不会获得任何关注。对于投资者而言，招股说明书是其获知公司情况的唯一信息来源。会计师事务所作为独立的第三方监督，有动机、也有能力发现所披露出的信息是否公允、准确。此时，会计师事务所的审计可以提高招股说明书中相关定价信息的可信度，从而降低公司与投资者间的信息不对称，减少事前不确定性，并大大提高IPO定价效率。

如果高声誉会计师事务所尽职尽责，经其审计的财务信息真实可靠地反映了公司的财务状况和经营成果，降低承销商和发行人之间的信息不对称问题，那么承销商就可以以此为基础对公司的股票进行合理的IPO定价，投资者通过IPO价格对公司价值做出合理判断，减少投机泡沫，降低一级市场发行价格和二级市场交易价格的差距，从而提高IPO定价效率。

国外资本市场的证据表明，高声誉的会计师事务所能够发挥信息监督作用，有效地降低IPO抑价。Holland&Horton（1993）证实在英国市场上，聘请高声誉的会计师事务所能够降低抑价。Chang et al.（2008）利用澳大利亚市场的证据，发现“四大”会计师事务所能够明显的降低IPO抑价，并且这一现象对于小型公司更为明显。国内的相关研究得出了类似的结论。王兵等（2009）的研究表明，会计师事务所声誉与IPO抑价呈显著负相关。王帆和张龙平（2012）发现会计师事务所声誉的建立有助于审计师保持独立，提高审计质量和收费等，而审计师声誉的毁损将会导致市场反应和溢出效应。刘卫和覃智勇（2009）的研究表明，以我国A股市场2004—2007年IPO公司为样本，通过对IPO公司数据的检验、发现国际四大会计师事务所的声誉信号逐渐被投资者接收，其审计的IPO公司股价的抑价水平较低。因此我们提出假设1。

假设1：会计师事务所声誉越高，则其参与的IPO定价效率越高。

（二）承销商声誉与创业板IPO定价效率

经济学的研究表明，声誉机制完善的市场，高声誉承销商会选择高质量的发行公司，努力提高承销质量，从而维持其声誉资本，以期在后期获得更多的投资者和发行客户，进一步扩大市场业务份额。如果承销商对IPO定价不准确导致IPO抑价或破发，承销商的声誉会受到影响，从而丧失市场份额，营业利润也会缩减。考虑到声誉因素变化对承销商利益影响，承销商有动机为了维持或提高声誉而对IPO准确定价，从而提高IPO定价效率。

关于承销商声誉与IPO抑价相关关系的研究，国内外主流观点认为高声誉的承销商降低了IPO抑价。Logue（1973）利用美国数据比较了两类投资银行承销的IPO的平均首次报酬率，发现由著名投资银行承销的IPO的抑价率明显偏低。Puri（1999）构建了关于承销商声誉作用的模型，其研究表明声誉越高的承销商越有积极性维护自己的声誉，高声誉的承销商对IPO进行估价时会采用严格的评定标准，因此其发布的信息更具有真实性和可信性，其参与的IPO承销项目的抑价也会降低。据此，我们提出如下假设。

假设2：承销商的声誉越高，则由其承销的IPO定价效率越高。

（三）会计师事务所与承销商声誉对创业板IPO定价效率的联合效应

目前世界证券市场主流的IPO定价方法主要有三种：贴现现金流量法、可比公司法和经济附加值法。不论承销商采用哪种定价方法，都需要使用经过会计师事务所审计的公司财务状况、经营成果和现金流量信息。即会计师事务所审计的信息能够影响承销商的定价。

根据中介机构声誉假说，高声誉的会计师事务所出于维护自身声誉的需要，会提供高质量的信息，从而有效降低公司代理成本，使得投资者能够通过对会计师事务所声誉的判断考虑IPO定价的准确性，从而降低IPO抑价程度。如果高声誉的会计师事务所与高声誉的承销商相互监督，经其承办的IPO项目，过度包装与虚夸前景从而炒高上市后交易价格的情形就会减少，抑价就会减小。Lee&Masulis（2011）认为，承销商认为自己的声誉与IPO的公正有关，通过对拟上市公司发行的文件进行尽责调查来保证IPO的公正。并且这种声誉效应会被高声誉的审计师加强，因为高声誉的审计师会对拟上市公司的财务报告和其他重大问题进行审查和报告。

然而，金融中介的信誉对IPO抑价的传导机制依赖于完善的资本市场，不同于国外发达的资本市场，我国股票市场不完善，资本市场有效性低，国外研究学者的研究结论可能不适用于我国的创业板IPO。因此，如果声誉因素无法通过IPO定价发挥作用，那么投资者可能不会重视金融机构的声誉因素，从而声誉传导机制无法发挥作用。如果高声誉的会计师事务所与高声誉的承销商达成合谋，为成功发行而故意降低定价，并通过过度包装与虚夸前景提高上市后首日股价，那么经其联合承办的IPO项目抑价就会提高。同时,合谋行为可能是由于长期的合作达成的默契,不一定有明文的章程或约定,所以其合谋行为很难判定或者对其进行诉讼取证,其招致法律诉讼的可能性较小。在巨额的佣金收益与较小的风险面前,金融机构就极有可能合谋。赵国宇(2012)认为,在审计师声誉较弱的市场环境中,可能存在审计合谋。在我国,审计市场声誉机制作用微弱,审计师在短期经济利益的诱惑下,容易采取机会主义行为,导致行为异化,进而演化成审计合谋行为。

根据上述有关研究成果,我们提出如下假设。

假设3A:由高声誉的承销商与高声誉会计师事务所共同参与的IPO项目,定价效率较高。

假设3B:由高声誉的承销商与高声誉会计师事务所共同参与的IPO项目,定价效率较低。

三、实证研究设计

(一)样本选取与数据来源

2009年10月30日28家公司在创业板挂牌交易,此后沪深两市于2012年11月16日暂停发行新股,并于2014年1月7日重启IPO。为避免IPO停发对本研究结论的影响,选取2009年10月30日至2012年11月16日355组IPO公司为样本。数据来源于锐思数据库和深圳证券交易所网站。金融中介机构排名数据来自于中国证券业协会网站以及中国注册会计师协会网站。

(二)变量的选取及衡量

1.IPO定价效率

国内外的相关研究,通常用抑价率来衡量IPO定价效率。不失一般性,本文亦采用如下公式计算IPO抑价率:

$$UPR=\frac{M_{1close}-P_{offer}}{P_{offer}}-\frac{I_1-I_{offer}}{I_{offer}}$$

其中UPR代表抑价率,是经过市场指数调整后的IPO抑价。P_{offer}代表发行价格,M_{1close}代表上市交易的首日收盘价,I_{offer}代表中签号码公布日深证综合指数,I_1代表上市交易的首日深证综合指数。如果UPR为正,表示首日交易价格高于发行价格,新股抑价发行,说明IPO定价偏低;如果UPR为负,说明新股定价过高,则其绝对值便为新股上市首日就跌破发行价的程度。因此，本文用*UPR*的绝对值衡量IPO定价效率。之所以采用绝对值，是便于更好地表征IPO定价效率。这样*UPR*绝对值越大，则意味着IPO发行定价偏离市场出清价格的比率越大，即IPO定价效率越低。

2. 会计师事务所声誉

很多学者（如Beatty，1989；Menon & Williams，1991）选择“八大”“四大”等作为会计师事务所高声誉的指标，也有学者采用事务所在审计市场上的市场占有率（如李常青和林文荣，2004）作为衡量声誉的指标。由中国注册会计师协会在相应年度发布的《会计师事务所综合评价前百家信息》考虑了事务所的总收入、审计收入、注册会计师人数、培训完成率、领军人才数量、事务所和注册会计师的处罚、惩戒应减分值以及一些辅助指标如从业人数、注册会计师学历结构等因素，可以综合反映会计师事务所的专业素质，是一个更合适的代理变量。因此，本文据此公布的会计师事务所的排名设定虚拟变量来衡量会计师事务所声誉。当会计师事务所排名位于《会计师事务所综合评价前百家信息》前10名取会计师事务所声誉$r_{account}$=1，当排名在10以后或者不在前百家信息行列之时取会计师事务所声誉$r_{account}$=0。

3. 承销商声誉

对承销商声誉的测量有多种方法，目前常用的有CM排名法（墓碑公告法）、JM排名法（市场份额法）、MW排名法（综合评价法）等，这些方法对声誉的计量大都考虑了承销商自身的规模、以往的承销记录、人员配备及其素质等因素。通常认为承销商承销的股票总数在一定程度上代表承销商的行业地位和专业素质等，因此本文依据中国证券业协会相应年度公布的《年度证券公司股票主承销金额排名》，设定虚拟变量来衡量承销商声誉。当承销商的排名位于中国证券业协会相应年度公布的《年度证券公司股票主承销金额排名》排名前10名时，取承销商声誉$r_{underwriter}$=1，当排名在10以后或者不在《年度证券公司股票主承销金额排名》表中时取承销商声誉$r_{underwriter}$=0。

4. 控制变量

为研究会计师事务所专业素质和承销商声誉对抑价的影响，需要考虑可能影响创业板公司IPO抑价率的其他相关因素。

本文首先控制新股发行公司本身的特征对IPO抑价的影响。Pearlstein（2013）认为发行人的资产规模可以影响发行人的影响力，从而影响抑价，其研究表明抑价程度与资产规模成负相关关系。因此本文选取了企业的资产规模变量ln(*assets*)，即发行前的总资产的对数。于晓红等（2013）认为公司内在价值是影响创业板市场IPO抑价的主要因素之一，质量高的上市公司会以高的抑价来显示自己的优势，实际募集资金总额与IPO抑价呈显著的负相关关系。因此选取实际募集资金总额ln(*ipoincome*)作控制变量。

其次从新股发行市场的角度选择相应的控制变量。王栋和王新宇(2011)认为投资者情绪如配售中签率、发行市盈率和首日换手率会影响创业板IPO抑价率,中签率越低,对新股的需求越旺盛,投资者的乐观情绪越高涨,IPO抑价程度越高,配售中签率与IPO抑价率负相关。王莉婷(2013)对选取的投资者情绪的代理变量进行实证分析,认为新股中签率对抑价率影响较为显著。因此选取发行市场投资者情绪的代理变量*lots*,即首次公开发行的配售中签率作为控制变量。

各变量的定义与说明如表1所示。

表1 研究变量定义

	指标	变量符号	变量定义
被解释变量	IPO定价效率	UPR	剔除了经济基本面因素后新股首日收益率的绝对值
解释变量	会计师事务所声誉	$r_{account}$	排名前10时取1,否则为0
	承销商声誉	$r_{underwriter}$	排名前10时取1,否则为0
	两声誉的乘积	$r_{account} * r_{underwriter}$	两声誉排名均为前10时取1,否则为0
控制变量	发行前总资产	ln(assets)	发行前企业总资产对数
	发行总收入	ln(ipoincome)	发行总收入的对数
	投资者情绪	lots	配售中签率

(三)研究模型

为检验会计师事务所声誉与承销商声誉对抑价的单独影响,设立如下回归方程:

$$UPR = \alpha_0 + \alpha_1 r_{account} + \alpha_2 r_{underwrite} + \alpha_3 \ln(assets) + \alpha_4 \ln(ipoincome) + \alpha_5 lots + + \varepsilon_1 \quad (1)$$

其中:ε_1为残差项。

为检验会计师事务所与承销商对IPO抑价的联合作用,即检验假设3,我们引入变量$r_{account} \times r_{underwriter}$,并建立回归方程:

$$UPR = \beta_0 + \beta_1 r_{account} + \beta_2 r_{underwrite} + \beta_3 r_{account} \times r_{underwrite} + \beta_4 \ln(assets) + \beta_5 \ln(ipoincome) + \beta_6 lots + + \varepsilon_2 \quad (2)$$

其中:ε_2为残差项。

四、实证检验结果

(一)IPO定价效率的描述性统计

表2分别给出了IPO抑价率和IPO抑价取绝对值后统计特征值。表2中的IPO抑价基本统计特征表明,最小值为-0.1390,最大值为2.0122,均值为0.3379,说明我国创业板

公司新股破发与高抑价并存,但总体表现为抑价,且抑价率水平依然较高,样本的市场调整后平均抑价率仍在33%以上,这与雷星晖等(2011)的研究结论相一致。其中IPO定价效率的最小值为0.0000,最大值为2.0122,均值为0.3501,说明我国创业板公司新股定价偏离市场出清价格的水平较高,IPO定价效率较低。

表2 IPO抑价及定价效率统计特征

	均值	标准差	最小值	最大值
IPO抑价	0.3379	0.3496	−0.1390	2.0122
IPO抑价绝对值	0.3501	0.3373	0.0000	2.0122

注:数据来源自锐思数据库,结果通过stata处理得到。

(二)金融中介机构声誉对创业板公司IPO抑价影响的初步证据

分别根据会计师事务所和承销商声誉排名是否在前10名,将全样本分为"会计师事务所声誉高组"和"会计师事务所声誉低组","承销商声誉高组"和"承销商声誉低组"。按照会计师事务所和承销商排名均在前10名分为"联合声誉高组"和"联合声誉低组"。在此基础上,通过均值差异的T检验方法验证不同中介机构声誉水平下两个对应子样本上市公司间在IPO定价效率上是否存在显著的差异,结果如表3所示。

表3 IPO定价效率分组差异分析结果

	声誉高组	声誉低组	均值T检验
会计师事务所	0.3235	0.3630	1.0363
承销商	0.3011	0.3902	2.4941***
联合声誉	0.2427	0.3679	2.3869**

注: **、***分别代表通过了显著性水平为5%、1%的检验。数据来自锐思数据库,结果通过stata处理得到。

由表3可知,会计师事务所声誉高组UPR绝对值低于会计师事务所声誉低组的UPR绝对值,即会计师事务所声誉高组IPO定价效率高于声誉低组的IPO定价效率,但没有通过显著性水平检验,不支持本文的研究假设1。初步研究结果显示,审计师声誉与IPO定价效率不相关。承销商声誉高组UPR绝对值低于承销商声誉低组UPR绝对值,说明承销商声誉高组IPO定价效率明显高于承销商声誉低组的IPO定价效率,且通过了5%水平的均值显著性检验,这一结果初步验证了本文提出的研究假设2,即会计师事务所声誉越高,则其承销的IPO定价效率越高。

初步统计结果还显示,联合声誉高组IPO定价效率明显高于联合声誉低组的IPO定价效率,且通过了1%水平的均值显著性检验,这一结果初步验证了假设3A,即声誉高的金融中介机构能起到互相监督的作用，高声誉金融中介机构共同参与的项目，IPO定价效率较高。

样本的分组分析结果没有控制其他相关因素的影响，因此，本文进一步采用多元回归分析以能够更好地考察金融中介机构声誉对IPO定价效率影响。

（三）回归结果分析

1.会计师事务所声誉和承销商声誉对定价效率的影响

为确定计量模型（1）和（2）中包括的各变量之间是否存在多重共线性，本文进行了方差膨胀因子检验，VIF值除了联合声誉为2.22，其余项均小于2，各变量间不存在严重的多重共线性的问题。表4中的列1给出了计量模型（1）的回归结果。回归结果表明，会计师事务所声誉与UPR绝对值的相关系数为-0.0308，没有通过10%的显著性水平检验，该结果与分组样本给出的初步证据一致，再次表明，审计师声誉与IPO定价效率不相关，本文提出的假设1不成立。该结论与发达资本市场的证据不一致，但与邱东阳等（2013）的研究结论相符。该结论的突出意义在于：西方会计师声誉机制的有效性是通过股票市场的价格机制发挥作用的，股票持有者基于理性预期调整股价，股票价格包括了对审计师行为等信息做出的无偏估计。而由于我国股票发行定价制度的非完全市场化，审计师声誉机制尚未建立，导致审计师功能弱化，不能有效降低发行人和投资者的信息不对称程度。

实证结果还表明，承销商声誉与UPR绝对值相关系数为-0.0949，且通过1%的显著性检验，实证结果依然支持本文提出的假设2，即承销商的声誉越高，则由其承销的IPO定价效率越高。该结果说明，随着我国保荐制的实施，承销商的主体地位不断提高，在金融市场中的作用越来越重要。作为投资者和发行人之间的桥梁和纽带，高声誉承销商能够更好地充当信息生产者和认证中介的角色，起到生产和传递信息，降低信息不对称的作用。

表4 金融中介机构声誉对IPO定价效率影响的回归结果

变量	(1)	(2)	(3)	(4)
$r_{account}$	−0.0308 (−0.85)	−0.0312 (−0.65)	−0.0389 (−1.14)	−0.0628 (−1.09)
$r_{underwriter}$	−0.0949*** (−2.79)	−0.0952** (−2.29)	−0.1037*** (−2.88)	−0.1232** (−2.36)
$r_{account} * r_{underwriter}$	—	0.0010 (0.01)	—	0.0367 (0.52)
ln(assets)	−0.0290 (−0.82)	−0.0291 (−0.82)	−0.0338 (−0.96)	−0.0332 (−0.94)

续表

变量	(1)	(2)	(3)	(4)
ln(ipoincome)	-0.0948*** (-2.54)	-0.0948*** (-2.54)	-0.0795** (-2.11)	-0.0798** (-2.11)
Lots	-5.1851*** (-4.46)	-5.1870*** (-4.43)	-5.3302** (-2.11)	-5.3886*** (-4.60)
cons	2.9419*** (4.19)	2.9427*** (4.17)	2.7636*** (3.93)	2.7716*** (3.93)
R^2	0.1278	0.1280	0.1315	0.1322
F	10.25***	8.51***	10.57***	8.84***

注:()为t值,*、**、***分别代表通过了显著水平为10%、5%、1%的检验。数据来自锐思数据库,结果通过stata处理得到。

2.会计师事务所与承销商声誉对IPO定价效率的联合作用

表4中列(2)给出了计量模型(2)的回归结果。回归结果表明,加入金融中介机构联合声誉因素后,没有改变审计师声誉和承销商声誉与IPO定价效率的相关关系和显著性,该结果仍然否定本文提出的假设1,支持假设2。金融中介机构的联合声誉与UPR相关系数为正,但没有通过显著性检验。该结果说明,尽管样本分组结果显示,高声誉金融中介机构共同参与的IPO定价效率较高,但在控制了其他相关因素的影响后,金融中介联合声誉对IPO抑价不存在显著影响。原因可能在于,由于我国审计师声誉机制尚未建立,高声誉的审计师不能强化高声誉承销商在提高IPO定价效率中的作用。

(四)稳健性检验

本文对金融中介机构声誉与创业板IPO定价效率间的关系进行了稳健性检验。当会计师事务所排名位于中国注册会计师协会相应年度发布的《会计师事务所综合评价前百家信息》前20名取$r_{account}$=1,当排名在20以后或者不在前百家信息行列之时取$r_{account}$=0。当承销商的排名位于中国证券业协会相应年度公布的《年度证券公司股票基金交易总金额》排名前20名时,取$r_{underwriter}$=1,当排名在20以后或者不在《年度证券公司股票基金交易总金额》表中时取$r_{underwriter}$=0。式(1)和式(2)的稳健性检验回归结果分别如表4的列(3)和列(4)所示。

稳健性检验的实证结果仍表明,会计师事务所声誉机制尚未建立,联合声誉对IPO定价效率的影响不显著。与之相比,承销商声誉与UPR间呈显著的负相关关系,即承销商声誉越高,IPO定价效率越高,本文假设2通过了稳健性检验。

五、结论与启示

本文研究了金融中介机构声誉与创业板公司IPO定价效率间的关系。选取2009年10月30日至2012年11月16日355个IPO公司为样本,实证检验了金融中介机构声誉对IPO定价效率的影响。研究发现:会计师事务所声誉与IPO定价效率成正相关关系,但不显著;承销商声誉与IPO定价效率呈显著的正相关关系;会计师事务所与承销商声誉的联合作用与IPO定价效率不相关。

研究结果说明,随着我国保荐制的实施,承销商的主体地位不断提高,声誉越高的承销商维持自身声誉和保持自律的动机越强,能为金融市场提供更高质量信息,从而有助于IPO定价效率的提高。但受制于我国股票发行定价制度的非完全市场化,会计师事务所声誉机制尚未建立,高声誉的会计师事务所不能强化商声誉承销商在提高IPO定价效率中的作用。研究结论肯定了我国近年来实施的保荐制度的合理性,但从会计师事务所声誉机制尚未建立的角度看,我国目前推进的新股发行制度由核准制向注册制转变过程中,应进一步扩大承销商和会计师事务所等金融中介机构的权限,淡化监管机构对公开发行的行政干预,并采取切实有效的措施加强对金融中介违规行为的监管,使各中介机构归位尽责,保持独立性。

参考文献:

[1] Baron, D. P., Holmström, B. The investment banking contract for new issues under asymmetric information: Delegation and the incentive problem. The Journal of Finance, 2003, 35(5): 1115-1138.

[2] Bartling, B., Park, A. How syndicate short sales affect the informational efficiency of IPO prices and underpricing. Journal of Financial and Quantitative Analysis, 2010, 45(2): 441-471.

[3] Beatty, R. P. Auditor reputation and the pricing of initial public offerings. Accounting Review, 1989,64(4): 693-709.

[4] Benveniste, L. M., Spindt, P. A. How investment bankers determine the offer price and allocation of new issues. Journal of Financial Economics, 1989, 24(2): 343-361.

[5] Chang, X., Gygax, A. F., Oon, E., et al. Audit quality, auditor compensation and initial public offering underpricing. Accounting & Finance, 2008, 48(3): 391-416.

[6] Holland, K. M., Horton, J. G. Initial public offerings on the unlisted securities market: the impact of professional advisers. Accounting and business research, 1993, 24(93): 19-34.

[7] Jensen, M. C., Meckling, W. H. Theory of the firm: Managerial behavior, agency costs and ownership structure. Journal of financial economics, 1976, 3(4): 305-360.

[8] Lee, G., Masulis, R. W. Do more reputable financial institutions reduce earnings management by IPO issuers? Journal of Corporate Finance, 2011, 17(4): 982-1000.

[9] Leftwich, R. W., Watts, R. L., Zimmerman, J. L. Voluntary corporate disclosure: The case of interim reporting. Journal of accounting research, 1981,19(1): 50-77.

[10] Liu, X., Ritter, J. R. Local underwriter oligopolies and IPO underpricing. Journal of Financial Economics, 2011, 102 (3): 579-601.

[11] Logue, D. E. On the pricing of unseasoned equity issues: 1965–1969. Journal of Financial and Quantitative Analysis, 1973, 8(1): 91–103.

[12] Loughran, T., Ritter, J. Why has IPO underpricing changed over time? Financial management, 2004, 33(3):5–37.

[13] Menon, K., Williams, D. D. Auditor credibility and initial public offerings. Accounting Review, 1991,66(2): 313–332.

[14] Pearlstein, J. Measures of Issuer and Underwriter Power: Resource–Based Tools for Analyzing IPO Underpricing. Strategic Management Review, 2013, 7(1): 93–109.

[15] Puri, M. Commercial banks as underwriters: implications for the going public process. Journal of Financial Economics, 1999, 54(2): 133–163.

[16] Titman, S., Trueman, B. Information quality and the valuation of new issues. Journal of Accounting and Economics, 1986, 8(2): 159–172.

[17] 郭海星，万迪昉，吴祖光. 承销商值得信任吗——来自创业板的证据[J]. 南开管理评论，2011(3)：101–109.

[18] 雷星晖，李金良，乔明哲. 创始人，创业投资与创业板IPO抑价[J]. 证券市场导报，2011(3)：69–73.

[19] 李常青，林文荣. 会计师事务所声誉与IPO折价关系的实证研究[J]. 厦门大学学报（哲学社会科学版），2004(5)：78–85.

[20] 李妍. 承销商声誉与IPO抑价的实证分析——基于我国股票发行监管制度改革[J]. 商业经济，2010(4)：61–63.

[21] 刘卫，覃智勇. 会计师事务所声誉信号传递实证分析——来自沪深股市IPO公司的证据[J]. 会计之友，2009(33)：105–107.

[22] 邱冬阳，彭欢，姚雅. 会计师事务所声誉与IPO抑价——基于中小板市场的实证研究[J]. 福建论坛（人文社会科学版），2013(8)：36–43.

[23] 王兵，辛清泉，杨德明. 审计师声誉影响股票定价吗——来自IPO定价市场化的证据[J]. 会计研究，2009(11)：73–96.

[24] 王栋，王新宇. 投资者情绪对IPO抑价影响研究——来自深圳中小板，创业板市场的经验证据[J]. 金融与经济，2011(4)：48–51.

[25] 王帆，张龙平. 审计师声誉研究：述评与展望[J]. 会计研究，2012(11)：74–78.

[26] 王莉婷. 基于投资者情绪的我国创业板IPO抑价实证研究[J]. 西南金融，2013(3)：10–13.

[27] 吴民. 关于我国中小企业IPO时会计师事务所选择的影响因素分析[J]. 大众商务，2010(6)：12–135.

[28] 尹蘅. 中国投资银行声誉形成机制的理论分析[J]. 广东金融学院学报，2007(1)：43–49.

[29] 于晓红，张雪，李燕燕. 公司内在价值，投资者情绪与IPO抑价——基于创业板市场的经验证据[J]. 当代经济研究，2013(1)：86–90.

[30] 张峥，欧阳珊. 发行定价制度与IPO折价[J]. 经济科学，2012(1)：73–85.

[31] 赵国宇. 独立审计声誉机制及其缺失下的审计合谋行为[J]. 当代经济，2012(3)：104–107.

Reputation of Financial Intermediations and IPO Pricing Efficiency of GEM Company

Li Xiaochong Li Yanxi Shi Jinyan

(Faculty of Management and Economics,Dalian University of Technology, Dalian 116024)

Abstract: Based on the fact thatIPO Underpricing and breaking coexist in China's Growth Enterprises Market companies, we choose IPO companies from October 30, 2009 to November16,2012 as a sample and empirically test the impact of auditor reputation, underwriter reputation and the combination of their reputation on IPO pricing efficiency. The results indicate that there is no relation between the auditor reputation and IPO pricing efficiency; underwriter reputation and IPO pricing efficiency is negatively correlated, which means high reputationunderwrite-backedIPO pricing efficiency is significantly higher than low reputation underwriter-backed IPO companies; there is no relation between joint reputation of auditor and underwriter and IPO pricing efficiency. Research shows that, at the present stage of China's capital market, underwriter reputation helps IPO pricing efficiency, but auditor reputation is difficult to play the role of in the market.

Keywords: financial intermediations; reputation; Growth Enterprises Market; IPO; pricing efficiency

国有企业反腐与公司治理完善
——基于中央巡视组公告的事件研究[1]

齐 岳 孙 博 廖科智

(南开大学商学院,天津300071)

摘要:十八大以来,中央巡视工作力度逐渐加强。国有企业作为推动我国经济社会发展的中坚力量,自然成为巡视的重点。然而令人惊讶的是,巡视结果一经公布,暴露出国有企业隐藏的一些腐败问题。本文试图探寻国有企业腐败问题的本源,并初步阐释了一些国有企业高管腐败向组织腐败衍变的可能机理。另外,本文采用事件研究法,借鉴投资者行为相关理论,着眼检验中央巡视组公布国有企业巡视结果的市场效应。结果发现,在市场处于稳定或缓慢上升的时期,投资者能够识别巡视结果并做出理性选择;而在市场大幅上涨时,投资者却对巡视结果反应平淡。基于此,本文从投资者保护的视角出发,为国有企业公司治理的完善提供了一些可行的建议。

关键词:国有企业;腐败;市场效应;公司治理

一、引 言

2015年1月,习近平总书记在第十八届中央纪委五次全会上强调:“要着力完善国有企业监管制度,加强党对国有企业的领导,加强对国企领导班子的监督,搞好对国企的巡视……”中央纪委书记王岐山在此次会议上做工作报告时也指出:“坚持从严治党,国有企业不能例外。”国有企业是我国国民经济的重要支柱(Huang & Snell,2003),在社会主义市场经济中占据主体地位,严格国企监管,加强国企巡视,深化国企改革,显得势在必行。

---

① **基金项目:**教育部人文社会科学重点研究基地重大项目(14JJD630007);南开大学专业学位研究生精品课程项目(ZB150007)。

作者简介:齐岳,南开大学商学院教授,博士研究生导师;孙博,南开大学商学院学生;廖科智,南开大学商学院学生。

十八大以来,中央已经完成了对55家中管国有重要骨干企业以及1家中管金融企业的巡视。据中纪委监察部网站披露,在巡视过程中落马的央企高管多达三十余人,其他地方国企高管落马的事件也是不胜枚举。更难以想象的是,巡视组公布的专项巡视情况显示,以权谋私、权钱交易、利益输送等成为国企的共性问题,"链条式"腐败、"团伙式"腐败现象屡见不鲜,国有资产流失严重。这些问题的发生,破坏了经营效率(徐细雄等,2013),损害了企业价值(权小锋等,2010;Yermack,2006),同时也让国有企业饱受诟病。

徐细雄等(2013)指出,企业高管腐败会损害投资者的利益。投资者本就相对企业管理者处于信息劣势地位,而且管理者还会将其腐败行为隐性化(权小锋等,2010),以及利用权力进行业绩操纵或盈余管理(王克敏等,2007;Roychowdhury,2006)。如果不是中央巡视组披露,投资者将很难从外部公开信息中发现国有企业存在的问题,财富也会在不知不觉中遭受损失。既然如此,中央巡视组公开专项巡视情况应该会引起投资者较为强烈的反映,相应国有上市公司的股价也应该在巡视结果公布当天有明显的变化。事实果真这样吗?大量研究结果显示,投资者是有限理性的,存在着"过度自信""羊群效应"等认知偏差(谢晔等,2008;许年行等,2013;Fellner-Röhling & Krügel,2014)。此外,Peng& Xiong(2006)基于有限注意理论发现,投资者更倾向于关注市场和行业层面的信息。这意味着,投资者的决策易受情绪、其他投资者行为以及市场形势等的影响。那么,他们能够在2014年末至2015年中旬这次市场大涨的浪潮中保持定力,将有限的注意力分配于中央巡视组公布的结果吗?这还需要进一步探究。

十八大以后如此密集的高管腐败案件被查处、国企违纪违法问题被曝光,反映出国有企业问题的普遍性和严重性。究其原因,高管个人的道德沦丧以及法规监督的缺陷固然不可忽视。然而当企业高管腐败普遍存在并可能是一种群体行为时,深层次的制度安排问题似乎更有探讨的必要(徐细雄等,2013)。国内外学术界目前关于高管腐败的制度诱因已经有了较为丰富的研究成果,如陈信元等(2010)认为政府薪酬管制会加剧高管腐败,Wu(2005)、Goergen & Renneboog(2011)、权小锋等(2010)认为公司治理水平弱化会为高管权力寻租等腐败行为创造条件。廖冠民等(2014)发现国有企业会承担过度的政策性负担,严重损害了企业的经营效率和中小股东的利益。而这种政策性负担还会导致企业经理的道德风险(林毅夫等,2004)……这些成果,为国有企业违纪违法防范制度的创新和完善提供了理论依据和方向。不过遗憾的是,现有研究在相关制度改进方面多数只是泛泛而谈,或提出简单的政策启示,结合国有企业实际情况提出详细且有针对性改制措施的文献较少(如黄群慧,2006;吴凡等,2010)。尤其从投资者保护的视角出发谈国企腐败治理的文献更是不多。本文将在研究中央巡视组公布专项巡视结果市场效应的基础上,结合公司治理相关理论成果,为防治国有企业违纪违法进而保护投资者的利益提出有操作性的措施和政策建议。

本文的主要贡献在于:(1)利用事件研究法分析了中央巡视结果公布对投资者产生的影响,为行为金融学相关理论提供了新的经验证据,也为健全投资者保护机制提供了启示;(2)已有文献多关注企业组织内部高管个体的腐败。本文着眼于国有企业组织整体,分析了国有企业由高管个体腐败逐渐过渡到组织腐败(Organizational Corruption)的可能性,并初步阐释了组织腐败的形成机理,从而进一步揭示了国有企业违纪违法的本质,深化了对国有企业腐败的理论认识;(3)站在投资者保护的角度,借鉴公司治理相关研究成果,我们提出了一些防治国有企业腐败的有针对性的措施,为弥补国有企业治理制度缺陷开辟了新的思路。

二、文献回顾与理论分析

(一)国有企业高管腐败的制度诱因及其经济后果

腐败本属于政治学的范畴,通常被定义为政府公职人员违规运用权力以谋取个人利益的行为(Jain,2001;Svensson,2005;徐细雄等,2013)。然而,所有权与控制权分离、委托人与代理人利益分歧以及两者间信息的不对称引发了企业组织中的代理问题(Jensen & Meckling,1976),经理人员也可能运用其权利攫取私利进而损害企业价值(Donadelli et al.,2014)。Bebchuk & Fried(2003)、权小锋等(2010)认为企业高管会通过各种方式为自己谋利,如构筑商业帝国、操纵薪酬等等。可见,学术界已经逐渐把对腐败的研究拓展到了企业组织层面。

中国企业高管的腐败有其特殊性,尤其是公有制为主体的经济基础重要体现的国有企业。这源于我国迥异于西方国家的政治文化、经济体制等(徐细雄等,2013),以及由文化、制度等形成的隐性规则(陈信元,2009)。徐细雄等(2013)认为政府的放权改革导致国有企业高管权力过于集中是腐败的诱因。赵璨等(2015)认为国有企业改革呈现"半市场化"特征,高管权力配置结构畸形,过度的控制权与残缺的行政权并存给高管腐败铺设了温床。陈信元等(2009)的研究证实了政府薪酬管制会加剧国有企业高管腐败。王克敏等(2001)研究发现,政府对国有企业享有人事控制权可能引发政府官员和企业经理的合谋腐败。另外,林毅夫等(2004)还指出国有企业承担政策性负担会给企业带来预算软约束,诱发经理人员的道德风险。尽管学者们已经在深挖中国特色制度背景的基础上,窥探出了国有企业高管腐败背后的制度诱因,但中国正处于经济与社会转型期(徐细雄等,2013;黄群慧,2006),相关政策与制度可能正处于一种均衡状态(陈信元等,2009),较难在短时间内进行质的更改。因此，虽然上述这些制度直接或间接孕生了国有企业高管的腐败，但这样的制度环境有一定的历史必然性，本文无法证明这些制度是错误的。

不得不承认，企业高管腐败的危害性较大。徐细雄等(2013)认为，企业高管腐败会降低企业的经营效率。权小锋等(2010)认为国有企业管理层会运用权力寻租进而操纵薪酬，最终损害公司价值。Huang & Snell(2003)以三家中国大陆的国有企业为案例进行研究，发现高管腐败最终很可能使企业走向破产。Luo(2005)分析并总结了腐败行为对企业组织可能造成的影响，包括增加经营风险、降低资源配置效率、损害市场竞争地位等。除此之外，高管腐败还会损害企业员工和投资者的利益(Leuz et al.,2003;Zahra et al.,2005;Yermack,2006;Donadelli et al.,2014)。试想，如不及时遏制国有企业高管腐败，国有资产将不断受到侵蚀，腐败的深度和广度将不断增加，这种累积效应的结果必定是国民经济的严重受损。尽管中央已经采取铁腕反腐措施，清除了大部分"毒瘤"，其余心存贪念的高管也受到了极大的震慑。但腐败更多源于制度不完备和公司治理弱化(徐细雄等,2013;吴凡等,2010;Wu,2005)，不突破这些弊病，国有企业高管还是会转"显性腐败"为"隐性腐败"(权小锋等,2010)或者利用垄断地位进行寻租(黄群慧,2006)，国有资产依然会悄然流失。因此，即使变更制度不易，健全公司治理、完善市场相关机制也是十分有必要的。

(二)国有企业组织腐败的生成与衍化机制

企业高管腐败与企业组织腐败是两个不同的概念，高管腐败是个体行为，而组织腐败却涉及多个组织成员，应是一种群体行为(徐细雄,2012;Palmer & Maher,2006;Frost & Tischer,2014)。组织腐败的受益者既有可能是企业整体，也有可能是组织成员个体(DeCells,2004;Pinto et al.,2008;Aguilera & Vadera,2008;Rosenblatt,2012)。然而，即便是为企业利益服务，组织腐败仍然可以帮助个体赢得私利(Palmer & Maher,2006;Aguilera & Vadera,2008;Pinto et al.,2008)，而且从长远来看，短期益于企业的腐败行为可能损害企业的声誉以及消费者关系(Wu,2005;Frost & Tischer,2014)。本文仅探讨成员以攫取私利为最终目的的组织腐败。不过，不能否认，有些企业组织实施腐败行为的确是为了谋求企业获利(Wu,2005;徐细雄,2012)。

近两年的反腐风暴中，中国石油天然气集团从高管到中层众多骨干成员的集体落马，在某种程度上为国有企业高管个体腐败到组织腐败的渐进演变提供了证据。另外，某一个或几个领导者个人的腐化堕落还不足以毒害国有企业如此之深。雷震(2013)认为集体比个体更加理性，心理成本比个体更低，因此集体腐败可能性要显著高于个体腐败。有学者指出，当前我国腐败行为的组织性越来越强，集体腐败已然成为一种新趋势

(Shieh,2005;吴一平,2005)。在这样的背景下,有必要追本溯源,探究国有企业管理者个体腐败到组织腐败的衍化机理,以期为完善国有企业治理提供新的启示。然而,国内相关学术成果并不多,谭亚莉等(2011)基于心理社会微观视角给出了一种较为深入的解释。不过,腐败的源起与发展因组织而异(Aguilera & Vadera,2008;Frost & Tischer,2014),不能一概而论。国有企业是一类特殊的组织,其所处的制度环境、竞争地位等都与其他类型的企业不同,其组织腐败的衍生过程也应有特别之处。本文尝试做出了初步的阐述。

领导者在组织腐败进程中扮演了关键角色,即使他们没有直接从事腐败,他们也可能会默许或间接授权其他组织成员的腐败行为(Ashforth & Anand,2003;Greve et al.,2010)。较多学者认为,组织腐败源于组织权力结构顶层人员的腐败(DeCells,2004;Palmer & Maher,2006;谭亚莉等,2011)。我国政府放权改革,再加上"一把手"权力文化下的"党政一肩挑"领导体制,赋予国有企业高管较为集中的控制权(徐细雄等,2013)。权力越大,高管越有可能实施腐败行为(Rosenblatt,2012)。社会经济地位越高,社会支配倾向(social dominance orientation,SDO)水平越高(Levin,2004)。Rosenblatt(2012)指出,高社会支配倾向的个体,其优越感较强,把实施腐败行为以获取更多的社会财富看作理所应当,不在乎支配或侵害他人。而且,中国社会的权利距离较大,即使高管丧失自我约束,下属也不可能揭发(Huang & Snell,2003)。这就说明,国有企业组织腐败很可能开端于某一个或几个高管的腐败。

当然,组织权力结构中地位相对较低的成员也可以成为组织腐败的"病原体"(Palmer & Maher,2006;Rosenblatt,2012;Frost & Tischer,2014)。如果组织对其成员缺乏控制和监管,如组织权力结构过于复杂、组织规则得不到很好的贯彻执行或者组织成员工作独立性较强,会在一定程度上促进组织成员的腐败(Aguilera & Vadera,2008;Greve et al.,2010;Frost & Tischer,2014)。此外,我国的权力文化表现出权力本位的特征,人们对权力有着较强的欲望,但是获取权力并不容易。紧张理论(Strain Theory)认为,当行动者难以通过合法途径(如个人努力等)实现目标时,他们往往会采用不正当的手段,尤其当他们的社会地位相对较低时(Greve et al.,2010)。Rosenblatt(2012)认为,处于较低地位的组织成员可能会主动向高地位的成员示好。因此,国有企业组织成员可能会努力与高层管理者建立关系,以行贿等方式获取职务晋升等个人利益(Frost & Tischer,2014)。另一方面,有限理性(Bounded Rationality)以及认知局限(Cognitive Limitation)也会使组织成员走向腐败(Palmer & Maher,2006;Greve et al.,2010)。

紧接着,无论是高管还是组织其他成员,通常会重复实施其腐败行为(Ashforth & Anand,2003;Frost & Tischer,2014)。而且,行动者通常会为自己的行为辩护,合法化其腐败行为(Ashforth & Anand,2003;Aguilera & Vadera,2008;Greve et al.,2010)。或者行动者压根对自己的违纪违法行为无意识(Moore et al.,2006;Rosenblatt,2012)。这些因素阻碍了个体对自己不正当行为的纠偏。如此,在个体不断地行动中,腐败行为就会合理化和常态化(Frost & Tischer,2014)。这种"合理"和常态的腐败行为会通过社会关系(如:同事、亲戚、同学等)在一定范围内扩散和传播,引起集体腐败(Collective Corruption)(Palmer & Maher,2006;Greve et al.,2010;谭亚莉等,2011)。在这个过程中,下属会基于外群体效应(Outgroup Favoritism)、权威——服从机制或魅力(Charisma)对上级表现出支持和服从(Rosenblatt,2012;谭亚莉等,2011),同事或同学之间会基于关系表现出认同(Greve et al.,2010;谭亚莉等,2011)。此外,人们的决策过程是有偏差的,不可能完全理性和道德(Ashforth & Anand,2003;Tenbrunsel & Smith-Crowe,2008;Greve et al.,2010)。Moore et al.(2006)指出,个体更容易听信他人的花言巧语,或者更愿意接受他人有偏见的建议而不是自己做出决定。同时,直觉和情感因素也会影响决策制定(Tenbrunsel & Smith-Crowe,2008;谭亚莉等,2011)。因此,组织成员可能不加反对地参与腐败。而一旦参与到这种相互关联的腐败行为中,组织成员就很难停止或退出(Ashforth & Anand,2003;Frost & Tischer,2014)。需要说明的是,集体腐败的"传染源"既可以是企业高管,也可能是中层骨干或者权利结构中更低层的员工(Palmer & Maher,2006;Greve et al.,2010)。因此,集体腐败可以存在于组织权力结构的任何一个层次,但是应以拥有一定决策权的层次为主(Frost & Tischer,2014)。

集体腐败的心理成本低于个体腐败(雷震,2013),意味着个体在集体腐败行为中承担更小的精神压力。其次,集体腐败行为更加理性(雷震,2013),加之学习效应(Learning Effect)的存在,使集体可以积累前期行为的经验,从而降低集体腐败的风险(Frost & Tischer,2014)。另外,个体会认为自己的行为符合集体中其他个体的认同,进一步合理化自己的腐败行为(Aguilera & Vadera,2008)。这些因素增加了集体成员重复其腐败行为的倾向。Ashforth & Anand(2003)认为集体腐败行为也具有持续性。日复一日的行动,使集体腐败日益常态化(Ashforth & Anand,2003)。管理者腐败集体、员工腐败集体横向吸引更多的成员加入,高管腐败行为还会纵向影响更多的组织成员。而且,管理者还会诱导组织成员不择手段地达成他们制定的目标,容忍或者宽恕成员的不道德做法(Ashforth & Anand,2003;Greve et al.,2010)。与此同时,组织内部原有的伦理规则(Ethical Rules)逐渐被打破,不断重复的腐败行为被存储进入组织记忆(Organizational Memory),组织日常行为规则受到潜移默化的影响并悄然改变(Routines)(Ashforth & Anand,2003;Greve et al.,2010;Frost & Tischer,2014)。组织成员对腐败行为的理解及其处事程序或方法也随之产生变化,越来越多的成员开始容忍腐败行为并将其合理化。即便组织成员能够保持原有的伦理观，识别出腐败行为的存在，他们仍然无力改变（Ashforth & Anand，2003），或者屈从（Greve et al.，2010），或者干脆保持沉默（郑晓涛等，2008），甚至在完全没有考虑是否符合自己利益以及价值观的情况下做出腐败行为（Palmer & Maher，2006）。新进入组织的成员也会逐渐熟悉并接受某些行为规则，一旦他们表示出怀疑或者反对，他们就会受到惩罚（Ashforth & Anand，2003）。就这样，组织内部成员在组织行为规则的指引下逐渐接受并参与腐败行为。反过来，组织成员实施腐败又会不断影响和更新组织行为规则。在这样循环加强的动态机制下，组织腐败最终形成。

（三）国有企业公司治理存在的主要问题

尽管自二十世纪八十年代初，我国就已经开始探索国有企业公司治理改革（Qiang，2003），但就目前而言，公司治理缺陷仍然是国有企业的一块伤疤。权小锋等（2010）认为，是制度转型和治理弱化为国有企业管理层的权利寻租创造了条件。不过他们也提到，优化公司治理结构必须从削弱管理层权利等方面入手。吴凡等（2010）认为，我国国有企业还没有建立起激励和监督相结合的现代公司治理结构，仍存在着如董事会行政色彩严重、国有股一股独大导致的行政控制强而产权控制弱等问题。Wu（2005）在其论文中指出，良好的公司治理可以抑制腐败行为。罗宏等（2015）发现，国有企业管理层腐败是引发费用粘性的主要原因，而费用粘性会损害企业的绩效。高管薪酬激励有利于降低费用粘性，在良好的公司治理环境中，薪酬激励对费用粘性的缓解效用增强。由此可见，建立健全高效且有针对性的公司治理制度是深化国有企业改革的必经之路。公司治理水平的提升也有利于保护投资者的利益（Porta et al.，2000）

特殊的制度背景和发展历程，使我国国有企业产生了一些特殊的公司治理问题。Qiang（2003）指出，全民所有制性质实际上模糊了国有企业产权，造成国有股所有权虚置。同时，政府和国有资产管理部门作为产权代理人不承担任何责任和风险，也就缺乏监管和保护国有资产的动力（Qiang，2003；郑海航，2005）。委托代理链条过长增加了信息的不对称（唐欲静，2001；Qiang，2003）。这些因素最终导致国有股的所有者缺位，进而可能引发内部人控制等问题（郑海航等，2005；邵学峰等，2008；吴凡等，2010）。另一方面，国有企业高管缺乏有效的激励。一是薪酬契约不完备，高管的薪酬不仅缺乏与企业真实业绩的相关性（Qiang，2003；郑海航等，2005），而且高管还可以依靠在职消费（郑海航，2005；罗宏等，2015）、政治关联（唐松等，2014）、运气薪酬（沈艺峰等，2010）等谋取超额薪金，甚至运用自身控制权操纵或自定薪酬（权小锋等，2010）；二是国有企业经理人市场还不完备。我国国有企业高管多由政府直接行政任命，通过市场机制选拔的高管还较少（Qiang，2003；宋晶等，2012），市场机制难以对高管实施惩罚；三是国有企业高管权力过于集中(徐细雄等,2013)。再加上政策性负担对高管努力程度的模糊(徐细雄等,2013)等。上述因素综合起来,国有企业高管基本没有积极性去认真经营企业,他们也不担心投资者"用脚投票"(Qiang,2003);最后,监督职能的弱化也是国有企业公司治理存在的问题。具体表现在监事会职能没有得到有效发挥(郑海航等,2005;吴凡等,2010),董事会结构不合理,内部董事过多而外部董事过少(邵学峰等,2008;吴凡等,2010)等。此外,国有企业实行的党委会与董事会成员"双向进入、交叉任职"的领导体制可能在一定上弱化党组织的监督职能,增加企业的代理成本(王元芳等,2014)。

三、实证研究设计

事件研究法通常用以检验资本市场中某一具体事件对上市公司股价的影响。如果市场足够理性,那么事件发生后,相应公司的股票价格会做出迅速变化,将新的信息反映出来。当然,市场对信息吸收的本质上是投资者对信息的识别与接受,如果投资者不能有效识别新信息,股价将不会产生明显的变动。

本文采用事件研究法观察中央巡视组公布国有企业专项巡视结果后的市场效应,以期窥探我国投资者是否能够理性地识别国有企业存在的问题并做出相应的投资决策。我们希望本文的研究结论能够对投资者保护机制的完善提供一些启示。

(一)理论分析与研究假设

根据前文的分析,我们认为我国投资者是有限理性的,存在一定的认知偏差。另外,投资者无法将有限的注意分配于市场上的所有信息,他们必然会进行选择性地接受和处理(Peng & Xiong,2006;权小锋等,2015)。市场和行业层面的信息似乎对投资者更有吸引力(Peng & Xiong,2006)。李小晗等(2011)指出,投资者的心理和行为会受到市场环境的影响。在牛市阶段,他们往往更加注意利好信息而忽略利空信息,偏好于迅速决策。相反,在熊市阶段,投资者更愿意谨慎行事,花费在搜集信息上面的精力也越多。

基于上证综合指数、沪深300指数、深证成份股指数的数据不难发现,自2014年7月底至2015年6月中旬,我国股票市场经历了一次较大幅度的上涨。以上证指数为例[①]:①2014年7月23日(收盘价:2078.49)至2014年11月20日(收盘价:2452.66),涨幅为18.0%;②2014年11月20日(收盘价:2452.66)至2015年1月7日(收盘价:3373.95),涨幅为37.6%;③2015年1月7日(收盘价:3373.95)至2015年3月12日(收盘价:3349.32),涨幅为-0.7%;④2015年3月12日(收盘价:3349.32)至2015年6月12日(收盘价:5166.35),

① 数据来源于Wind数据库。

涨幅为54.3%;⑤2014年7月23日(收盘价:2078.49)至2015年6月12日(收盘价:5166.35),总体涨幅为148.6%。

本文将2014年7月23日至2015年6月12日这段时间划分为4个时间段。在时间段①上证指数在81个工作日内上涨18.0%,日平均涨幅0.22%;在时间段②上证指数在33个工作日内上涨37.6%,日平均涨幅1.1%;在时间段③上证指数在42个工作日内上涨-0.7%,日平均涨幅-0.02%;在时间段④上证指数在65个工作日内上涨54.3%,日平均涨幅0.84%。

故此,我们认为:时间段①,市场缓慢上涨;时间段②和时间段④,市场较大幅度上涨;时间段③,市场基本稳定。其他时间段,上证指数也会出现平稳甚至下跌的现象,但因为时间间隔较短(少于15个工作日),我们没有单独考虑。

时间段①,市场开始上涨并较为缓慢,进入市场的投资者缓慢增加,投资者的注意可能不会完全被市场所吸引;时间段②,市场迅速上涨,越来越多的投资者进入市场,投资者表现出一定的羊群效应,开始偏向于关注市场信息;时间段③,市场保持平稳,投资者审慎入市,保持相对理性;时间段④,市场再次迅速上涨,进入市场的投资者迅速增加,投资者可能表现出较强的羊群效应和过度自信心理,并将有限注意较多分配于市场信息。

基于上述分析,我们假设:在时间段①和③,即在市场缓慢上涨和平稳时期,投资者能够较为理性地识别公司层面的新信息,对中央巡视组公布的专项巡视结果做出反应;而在时间段②和④,即在市场上升迅速时期,由于存在认知偏差和有限注意,投资者缺乏对公司层面新信息的关注,不能有效识别中央巡视组的巡视结果并做出理性决策。

(二)样本选择与数据来源

本文以中央巡视组2013年第二轮巡视至2015年第一轮巡视涵盖的中管国有企业(央企)为研究样本。其中,我们剔除了旗下未有控股上市公司、旗下未有A股上市控股公司、在事件窗口内因重大事项停牌、事件窗口内有其他重大事件发生或事件日(专项巡视结果公布日)晚于2015年6月16日[①]的国有企业。用于分析的相关数据主要来源于万德数据库(Wind)、国泰安数据库(CSMAR)以及中纪委监察部官方网站。

我们将中央巡视组公布专项巡视结果的一天确定为事件日,并将确定的样本分为两组,一组样本的事件日处于市场平稳或缓慢上升时期,另外一组样本的事件日处于市场较大幅度上涨时期。具体样本分组信息见表1和表2:

① 尽管上证指数自2015年6月15日开始下挫,但市场投资者的"入市热情"可能不会迅速衰减。因此羊群效应和有限注意可能继续保持。后文的结果证实了这一点。

表1 第一组样本信息

序号	国有企业全称	控股上市公司简称	股票代码	事件日
1	中国长江三峡集团	长江电力	600900	2014年2月17日
2	中粮集团有限公司	中粮屯河	600737	2014年7月7日
3	中国第一汽车集团公司	一汽轿车	000800	2014年11月17日
4	东风汽车公司	东风汽车	600006	2015年2月5日
5	中国华电集团公司	华电国际	600027	2015年2月5日
6	中国联通有限公司	中国联通	600050	2015年2月5日
7	中国船舶工业集团	中国船舶	600150	2015年2月5日
8	神华集团有限责任公司	中国神华	601088	2015年2月5日
9	中国海运(集团)总公司	中海集运	601866	2015年2月6日
10	中国南方航空集团公司	南方航空	600029	2015年2月10日

表2 第二组样本信息

序号	国有企业全称	控股上市公司简称	股票代码	事件日
1	武汉钢铁(集团)公司	武钢股份	600005	2015年6月12日
2	中国华能集团公司	华能国际	600011	2015年6月12日
3	宝钢集团有限公司	宝钢股份	600019	2015年6月12日
4	中国远洋运输(集团)总公司	中国远洋	601919	2015年6月12日
5	中国建筑工程总公司	中国建筑	601668	2015年6月12日
6	中国机械工业集团有限公司	中工国际	002051	2015年6月16日
7	中国海洋石油总公司	海油工程	600583	2015年6月16日
8	中国石油天然气集团公司	中国石油	601857	2015年6月16日

(三)事件窗口、估计期与模型选择

我们定义事件日为第0天,事件日前用负数表示,事件日后用正数表示。我们确定事件日前后41个交易日(从-20到20)作为事件窗口,事件窗口前130个交易日(从-150到-21)作为估计期。

本文采用单指数市场模型来计算样本在事件窗口内的超额收益率,模型如下:

$$R_{it}=\alpha_i+\beta_i R_{mt}+\varepsilon_i \tag{1}$$

上式中,R_{it}表示第i只股票在t日的收益率,R_{mt}表示市场指数[①]在t日的收益率。α_i与β_i为回归系数,ε_i为残差。那么,样本的超额收益率AR_{it}和累积超额收益率CAR_{it}计算为:

$$AR_{it}=R_{it}-(\alpha_i+\beta_i R_{mt}) \tag{2}$$

$$CAR_{it}=\sum_{t=-20}^{\tau} AR_{it} \tag{3}$$

① 本文分别选取上证指数、深证成份指数以及沪深300指数作为市场指数进行了相关计算。

其中，τ的值大于等于-20且小于等于20。

本文借鉴塞勒(2005)的方法，首先计算样本公司事件窗口中的标准化异常收益率(SAR)，然后加总每一组样本公司事件窗口中的SAR，得出总体标准化异常收益率TSAR。最后，本文采用Z统计量检验每组总体标准化异常收益率的显著性。SAR的计算公式如下：

$$SAR_{it} = AR_{it} / \sqrt{S^2_{AR_{it}}} \tag{4}$$

其中，SAR_{it}表示股票i在t日的标准化异常收益率，$S^2_{AR_{it}}$表示AR_{it}的方差。$S^2_{AR_{it}}$的计算公式为：

$$S^2_{AR_{it}} = \left[\frac{\sum_{t=-130}^{-21}(AR_{it} - \overline{AR_{it}})^2}{D_i - 2}\right] \times \left[1 + \frac{1}{D_I} + \frac{(R_{(mt,\ W)} - \overline{R_{(mt,\ P)}})^2}{\sum_{t=-130}^{-21}(R_{(mt,P)} - \overline{R_{(mt,P)}})^2}\right] \tag{5}$$

其中$\overline{AR_{it}}$表示估计期中AR_{it}的平均值；D_i表示股票i估计期中交易日的天数，本文D_i应等于130；$R_{(mt,\ W)}$表示事件窗口中市场指数在t日的收益率，$R_{(mt,P)}$表示估计期中市场指数在t日的收益率，$\overline{R_{(mt,\ P)}}$表示估计期中市场指数收益率的平均值。

接下来，检验总体标准化异常收益率(TSAR)是否显著的Z-统计量的计算方法如下：

$$TSAR_t = \sum_{i=1}^{n} SAR_{it} \tag{6}$$

$$Z - statistic_t = \frac{TSAR_t}{\sqrt{\sum_{i=1}^{n}\frac{D_i - 2}{D_i - 4}}} \tag{7}$$

其中，$TSAR_t$表示t日的总体标准化异常收益率，n表示样本公司个数，D_i表示股票i估计期中交易日的天数。

四、实证结果及分析

(一)国有企业腐败问题被曝光的市场效应

本文分别计算两组样本公司的总体标准化异常收益率(TSAR)并检验其显著性①。若TSAR在事件日显著，则证明投资者能够对中央巡视组公布的巡视结果做出反应。否则，投资者不能识别相应的巡视结果。

---

① 本文在这里采用沪深300指数作为市场指数进行计算。

表3 国有企业腐败问题被曝光的市场效应[①]

第一组			第二组		
事件窗口	TSAR	Z-statistic	事件窗口	TSAR	Z-statistic
-20	-6.2465	-2.191**	-10	-4.3357	-1.924*
-19	-6.7310	-2.361**	-5	5.1263	2.275**
-18	-5.8643	-2.057**	0	2.3880	1.060
-13	-6.1917	-2.172**	1	8.6513	3.839***
-12	4.8761	1.71*	3	6.9416	3.080***
-9	-6.2323	-2.186**	4	4.0380	1.792*
-8	5.0984	1.788*	7	8.6869	3.854***
-7	5.0956	1.787*	8	15.8053	7.013***
0	-6.7507	-2.368**	9	-5.8316	-2.588***
1	-6.3210	-2.217**	10	9.3974	4.170***
5	14.1600	4.967***	13	-11.9578	-5.306***
7	10.5922	3.716***	14	-7.4500	-3.306***
			……[②]		

注：***，**，*分别表示在1%，5%，10%的水平上统计显著。

从表3可以看出，第一组样本在事件日当天及后一天的总体标准化异常收益率(TSAR)在5%的水平上显著为负，而第二组样本的TSAR在事件日及其前后几日均未表现出负显著性。另外，值得一提的是，第一组样本中除了中国联通(600050)与中国船舶(600150)两家国有上市公司在事件日当天表现出正的异常收益，其余八家的异常收益均为负。金融市场充斥着大量的信息，我们选取的事件窗口内可能还发生了一些本文没有挖掘到的事件，这也解释了事件窗口内其他一些日期的TSAR也表现出显著性的原因。

事件研究的结果证实了我们的假设，即在市场缓慢上涨或保持平稳的时期，投资者能够识别中央巡视结果并做出较为理性的判断。但在市场较快速上涨时期，投资者无法识别巡视结果，其决策也欠缺冷静的思考。

本文还分别计算了两组样本累计超额收益率(CAR_{it})的平均值，图1和图2显示了计算结果：

① 限于篇幅，表格中只列出了TSAR显著的事件日。

② 其余还有四天的TSR统计显著，但考虑到对本文的结论无影响，又限于篇幅，故而省略。

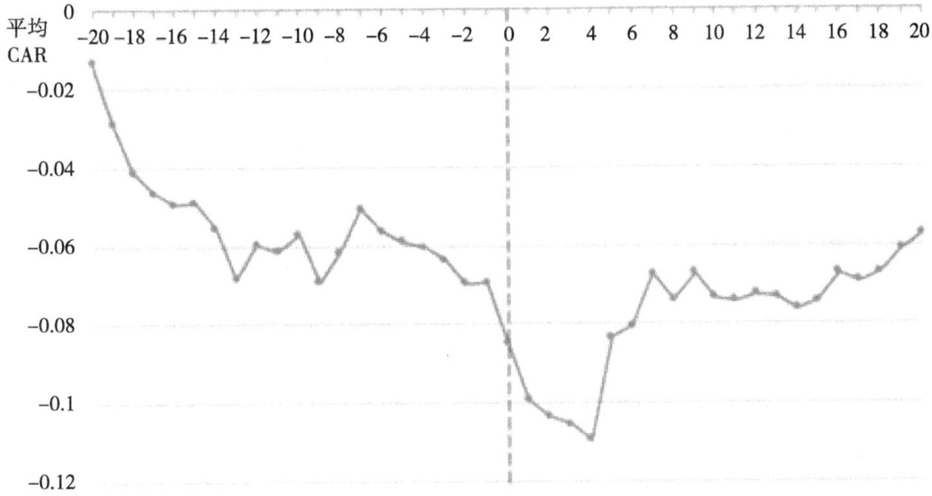

图1　第一组样本平均累计超额收益率

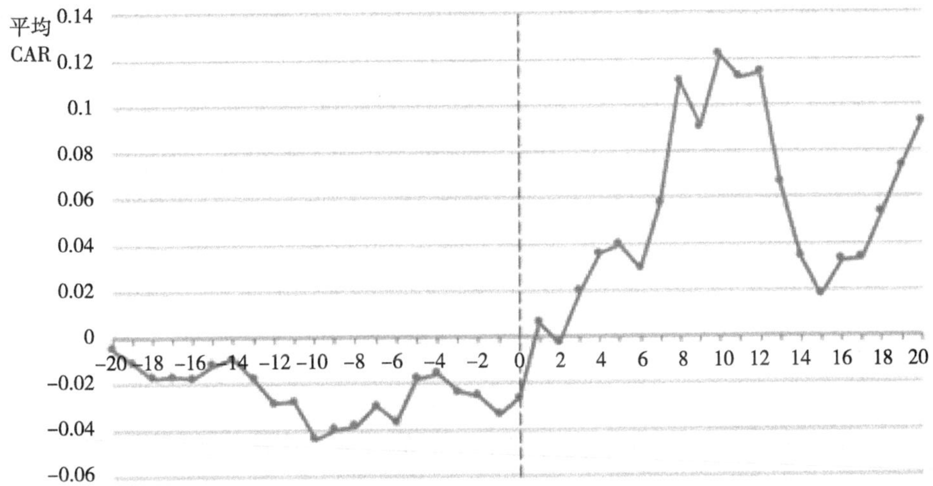

图2　第二组样本平均累计超额收益率

从图1和图2不难看出,第一组样本公司平均CAR在事件日下降明显,而第二组样本公司的平均CAR不仅没有下降,反而表现出上升的趋势。这进一步验证了本文的假设。尽管投资者在市场上涨迅速时,不能作出理性判断可以归因于有限注意、认知偏差等个人因素,但这并不能为投资者保护机制的不健全开脱。根据中央巡视组公布的巡视结果,国有企业腐败问题在被揭露之前应该已经持续了较长的时间。这就意味着,如果中央没有采取铁腕反腐措施,将国有企业丑闻公之于众,那么投资者将很难意识到自己的利益已经受到侵害。投资者保护制度的完善(如:强制披露国有企业高管在职消费等隐性薪酬或者拓宽信息披露渠道等)将降低投资者的信息获取成本,至少可以帮助投资者审慎做出决策。

五、国有企业公司治理改革的政策建议

习主席在中央财经领导小组第十一次会议上强调,要加快形成市场监督有效,投资者权益得到充分保护的市场。本文基于中央工作巡视组对国有企业专项巡查的市场反应研究结果和巡视所调查出的国有企业治理违规问题,以投资者利益保护为最终目的,从内部治理和外部治理环境的角度对国有企业治理改善提出了以下政策建议:

(一)完善国有企业信息披露制度

信息披露制度的不健全是国有企业高管腐败、内部人控制等治理问题出现的重要因素。国有企业高管通过隐瞒企业运营的重要信息,掩盖其腐败行为,损害投资者利益。中央工作巡视组的调查结果充分暴露出国有企业公司治理结构的严重缺陷,同时巡查结果也表明有效的信息传递能够使得公司治理违规事件能够及时被发现。建立健全国有企业信息披露制度不仅要求完善年报季报、重大事件公告等一般企业信息披露,还需要针对国有企业特点,设计能够反映内部人控制、隐性腐败等问题的特别企业信息披露,以此促进国有企业治理结构的改善。

(二)完善国有企业科学决策机制

国有企业的科学决策建立在充分的权力制衡基础上。中央工作巡视组的巡查结果表明,过度的权力集中往往是导致国有企业高管违规腐败的重要因素。由于董事会的构成与行政级别相挂钩,董事长在决策中具有绝对的权威。董事会独立性不足,董事会决策形式化,董事会运作不规范充分反映出国有企业董事会决策机制存在的严重问题。完善国有企业科学决策机制,首先要对过度集中的行政化权力制衡约束,中央工作巡视的方式为国有股东约束国企决策中心权力提供了新的思路。其次要改善董事会人员构成,避免过高的成员同质化带来的决策失误,引入具有会计、法律、金融等专业背景的独立董事,完善董事会科学决策机制。再者要为非国有股东开辟监督决策运营机制的渠道,保护投资者利益。

(三)完善国有企业薪酬激励机制

中央工作巡视组的巡查结果表明,违规国有企业高管往往以自身经济利益为目的滥用企业资源。完善国有企业薪酬激励机制,将高管隐性收入显性化,促进高管薪酬与企

业业绩相挂钩,有利于提升企业价值,保护投资者收益。同时,加强对国有企业高管薪酬信息披露的要求,充分反映出国有企业高管的实际收入与收入来源,以来源控制的方式打击腐败,促进国有企业治理水平的提升。

(四)完善国有企业外部治理环境

外部治理环境的完善对国有企业公司治理绩效的提升具有重要意义。然而本文通过对中央工作巡视组巡查的事件研究发现,牛市中投资者对企业违法违纪,高官落马的反应并不显著,反映出投资者在决策过程中不够成熟理性。限制杠杆的过度使用、改善交易机制的设计、规范新股发行制度和上市公司行为准则有利于提升资本市场的有效性,吸引具有价值投资观念的投资者,从而完善国有企业外部治理环境,增强非国有股东对国有企业的监督能力,保护投资者利益。

六、研究结论与启示

本文从中央巡视组巡视国有企业的调查结果出发,对国有企业腐败问题进行了较为深入的分析与思考。腐败问题愈发普遍和严重的背后,是国有企业组织中某些“病原体”的不断传播与扩散引起的组织行为规则异化。本文结合我国国有企业的特殊性,初步给出了国有企业组织腐败的一个衍化机理,为深挖国有企业腐败的本质提供了一个新的视角和思路,也为国有企业反腐提供了新的启示。

另一方面,本文参考国内外关于投资者行为的文献资料,利用事件研究再一次为我国投资者的非理性以及投资者保护机制的不健全提供了经验证据。本文的结论显示,投资者在市场的不同状态下表现出不同的理性程度。市场平稳或缓慢上涨时,投资者往往能够做出比在市场大幅上涨时更加审慎和合理的决定。这与李小晗等(2011)的看法保持一致。

最后,国有企业腐败的纵深发展与投资者无法得到有效保护呼唤国有企业公司治理的新变革。本文从投资者保护的视角出发,提出了完善信息披露、完善决策机制与高管激励机制以及优化外部治理环境等政策建议。尽管这些建议有的已经被学者们提到,有的还不够成熟,但本文所要强调的是,国有企业反腐不应脱离投资者保护,公司治理改革也不是纸上谈兵。当然,本文的作者们也会在以后的研究中更进一步地发掘国有企业公司治理的方法和思路,以期为国有企业的新发展及投资者保护的更全面做出贡献。

参考文献：

[1] Aguilera, R. V., Vadera, A. K. The Dark Side of Authority: Antecedents, Mechanisms, and Outcomes of Organizational Corruption .Journal of Business Ethics, 2008, 77(4):431–449.

[2] Bubchuk, L. A., Fried, J. M. Executive Compensation as an Agency Problem. Journal of Economic Perspectives, 2003, 17(3):71–92.

[3] DeCelles, K. A.,Pfarrer, M. D. Heroes or Villains? Corruption and the Charismatic Leader.Journal of Leadership & Organizational Studies, 2004, 11(1):67–77.

[4] Donadelli, M., Fasan, M., Magnanelli, B. S. The Agency Problem, Financial Performance and Corruption: Country, Industry and Firm Level Perspectives.European Management Review, 2014, 11(3–4):259–272.

[5] Fellner–Röhling, G., Krügel, S.Judgmental Overconfidence and Trading Activity.Journal of Economic Behavior & Organization, 2014, 107:827–842.

[6] Frost, J. and Tischer, S. Unmasking Collective Corruption: The Dynamics of Corrupt Routines. European Management Review, 2014, 11(3–4):191–207.

[7] Goergen, M., Renneboog, L. Managerial Compensation.Journal of Corporate Finance, 2011, 17(4):1068–1077.

[8] Greve, H. R., Palmer, D., Pozner, J–E. Organizations Gone Wild: The Causes, Processes, and Consequences of Organizational Misconduct.The Academy of Management Annals, 2010, 4(1):53–107.

[9] Huang, L. J.,Snell, R. S. Turnaround, Corruption and Mediocrity: Leadership and Governance in Three State Owned Enterprises in Mainland China.Journal of Business Ethics,2003, 43(1):111–124.

[10] Jain, A. K. Corruption: A Review. Journal of Economic Surveys, 2001, 15(1):71–121.

[11] Jensen, M. C., Meckling, W. H. Theory of the Firm: Managerial Behavior, Agency Costs and Ownership Structure.Journal of Financial Economics, 1976, 3(4):305–360.

[12] Leuz, C., Nanda, D.,Wysocki, P. D. Earnings Management and Investor Protection: An International Comparison. Journal of Financial Economics, 2003, 69(3):505–527.

[13] Levin, S. Perceived Group Status Differences and the Effects of Gender, Ethnicity, and Religion on Social Dominance Orientation.Political Psychology, 2004, 25(1):31–48.

[14] Luo, Y. (D.). An Organizational Perspective of Corruption.Management and Organization Review, 2005, 1(1):119–154.

[15] Moore, D. A., Tetlock, P. E., Tanlu, L.,Bazerman, M. H. Conflicts of Interest and the Case of Auditor Independence: Moral Seduction and Strategic Issue Cycling.Academy of Management Review, 2006, 31(1):10–29.

[16] Palmer, D., Maher, M. W. Developing the Process Model of Collective Corruption. Journal of Management Inquiry, 2006, 15(4):363–370.

[17] Peng, L., Xiong, W. Investor Attention, Overconfidence and Category Learning.Journal of Financial Economics, 2006, 80(3):563–602.

[18] Pinto, J., Leana, C. R., Pil, F. K. Corrupt Organizations or Organizations of Corrupt Individuals? Two Types of Organization–Level Corruption.Academy of Management Review,2008, 33(3):685–709.

[19] Porta, R. L., Lopez–de–Silanes, F., Shleifer, A., Vishny, R. Investor Protection and Corporate Governance.Journal of Financial Economics, 2000, 58(1–2):3–27.

[20] Qiang, Q. Corporate Governance and State–Owned Shares in China Listed Companies. Journal of Asian Economics, 2003, 14(5):771–783.

[21] Rosenblatt, V. Hierarchies, Power Inequalities, and Organizational Corruption. Journal of Business Ethics, 2012, 111 (2):237–251.

[22] Roychowdhury, S. Earnings Management through Real Activities Manipulation. Journal of Accounting & Economics, 2006, 42(3):335–370.

[23] Shien, S. The Rise of Collective Corruption in China: The Xiamen Smuggling Case. Journal of Contemporary China, 2005, 14(42):67–91.

[24] Svensson, J.Eight Questions About Corruption. Journal of Economic Perspectives, 2005, 19(3):19–42.

[25] Tenbrunsel, A. E. and Smith–Crowe, K. Ethical Decision Making: Where We've Been and Where We're Going. The Academy of Management Annals, 2008, 2(1):545–607.

[26] Wu, X. Corporate Governance and Corruption: A Cross–Country Analysis. Governance, 2005, 18(2):151–170.

[27] Yermack, D. Flights of fancy: Corporate Jets, CEO Perquisites, and Inferior Shareholder Returns. Journal of Financial Economics, 2006, 80(1):211–242.

[28] Zahra, S. A., Priem, R. L. and Rasheed, A. A. The Antecedents and Consequences of Top Management Fraud. Journal of Management, 2005, 31(6):803–828.

[29] 陈信元,陈冬华,万华林,梁上坤.地区差异、薪酬管制与高管腐败[J].管理世界,2009(11):130–143.

[30] 黄群慧.管理腐败新特征与国有企业改革新阶段[J].中国工业经济,2006(11):52–59.

[31] 雷震.集体与个体腐败行为实验研究——一个不完全信息最后通牒博弈模型[J].经济研究,2013(4):143–156.

[32] 李小晗,张鸣.投资者注意力和应计异象[J].中国会计与财务研究,2011(2):108–195.

[33] 廖冠民,沈红波.国有企业的政策性负担:动因、后果及治理[J].中国工业经济,2014(6):96–108.

[34] 林毅夫,李志赟.政策性负担、道德风险与预算软约束[J].经济研究,2004(2):17–27.

[35] 罗宏,曾永良,刘宝华.国有企业高管薪酬、公司治理与费用粘性[J].经济经纬,2015(2):99–104.

[36] 迈克尔·J·塞勒.金融研究必备:方法论大全[M].金马(译).北京:清华大学出版社,2005.

[37] 权小锋,吴世农,文芳.管理层权力、私有收益与薪酬操纵[J].经济研究,2010(11):73–87.

[38] 邵学峰,张东明.大型国有企业集团公司治理的改革与完善——第七届国有经济论坛综述[J].经济研究,2008(1):153–155.

[39] 沈艺峰,李培功.政府限薪令与国有企业高管薪酬、业绩和运气关系的研究[J].中国工业经济,2010(11):130–139.

[40] 谭亚莉,廖建桥,李骥.管理者非伦理行为到组织腐败的衍变过程、机制与干预:基于心理社会微观视角的分析[J].管理世界,2011(12):68–77.

[41] 唐松,孙铮.政治关联、高管薪酬与企业未来经营绩效[J].管理世界,2014(5):93–105.

[42] 唐欲静.国有企业公司治理结构的主要问题及对策建议[J].理论导刊,2001(5):26–27.

[43] 王克敏,王志超.高管控制权、报酬与盈余管理——基于中国上市公司的实证研究[J].管理世界,2007(7):111–119.

[44] 王元芳,马连福.国有企业党组织能降低代理成本吗?——基于"内部人控制"的视角[J].管理评论,2014(10):138–151.

[45] 吴凡,卢阳春.我国国有企业公司治理存在的主要问题与对策[J].经济体制改革,2010(5):67–71.

[46] 吴一平.经济转轨、集体腐败与政治改革——基于中国转轨经验的经济学分析[J].当代经济科学,2005(2):21–26.

[47] 谢晔,文凤华,杨晓光.基于调查与实验的个体投资者羊群行为研究[J].中国管理科学,2008(5):134–140.

[48] 徐细雄,刘星.放权改革、薪酬管制与企业高管腐败[J].管理世界,2013(3):119–132.

[49] 徐细雄.企业高管腐败研究前沿探讨[J].外国经济与管理,2012 (4):73–80.

[50] 许年行,于上尧,伊志宏.机构投资者羊群行为与股价崩盘风险[J].管理世界,2013(7):31–43.

[51] 赵璨,杨德明,曹伟.行政权、控制权与国有企业高管腐败[J].财经研究,2015 (5):78–89.

[52] 郑海航,熊小彤.基于不同理论框架下的公司治理——兼论我国国有企业治理[J].中国工业经济,2005(6):105–111.

[53] 郑晓涛,柯江林,石金涛,郑兴山.中国背景下员工沉默的测量以及信任对其的影响[J].心理学报,2008(2):219–227.

第9卷第2辑 2017年12月
Vol.9 No.2 Dec. 2017
公司治理评论
Review of Corporate Governance

State-owned Enterprises' Anti-corruption and Improvement of Corporate Governance Based on the Event Research Announced by Central Inspection Team

Qi Yue Sun Bo Liao Kezhi

(Business School of Nankai University, Tianjin300071)

Abstract: Since the 18th CPC National Congress,the central inspection efforts gradually strengthen. State-owned enterprises as the backbone of promoting economic and social development naturally become the focus of the inspection. Surprisingly, however, after the announcement of the inspection result, many hidden corruption problem of the state-owned enterprises arealready clear. This paper attempts to explore the origin of the state-owned enterprise corruption intensified ,and initially expounds the possible mechanism of state-owned enterprises executives corruption evolved to the organization corruption. In addition, with event study and drawing on investor behavior correlation theories, we focuse on examing inspection the market effects of the inspectionresults of state-owned enterprises announced by central inspection team. The findings show that investors can identify inspection results and make a rational choice when the market is stable or slowly rising; while,the investors showed little reaction to the results of inspections when the market rose sharply. Based on this, from the perspective of investor protection, it offers some practical advice for improving the corporate governance of state-owned enterprises.

Keywords: state-owned enterprises; corruption;market effects; corporategovernance

基于产业集群知识管理平台的产业集群研发团队组建治理研究①

阚 双 郭 伏 李甲翔 齐浩天 金晓敏

（东北大学工商管理学院，沈阳110169）

摘要：本文提出，治理产业集群研发团队组建问题，首先，可以在构建O-K产业集群知识超网络的基础上建立产业集群知识管理服务平台，以非正式机制解决组织间的信息不对称问题。其次，提出基于知识掌握、知识交流和项目匹配三个维度，应用基于区间值直觉不确定语言的评价方法，提供研发团队成员选择的技术问题。最后提出了相关政策完善建议。

关键词：知识管理；团队成员选择；区间值直觉不确定信息

一、问题的提出

在信息化快速发展的背景下，知识正在逐渐成为经济发展的核心贡献要素，产业集群为主体的竞争格局也在逐步形成，产业集群知识管理成为了实践管理和理论研究的重要课题。目前，以专业化、集群化为特征的产业集群知识管理，以互联网、现代通信技术为支撑，已经逐步形成了一批新型知识集成与管理机构：ADTC、TAMA、ITRI等就是其中典型的知识管理形式，它们运用基于WEB2.0模式的知识共享技术（例如blog、wiki、digg等）获取系统内外知识与信息，形成了具有知识与信息集成性质的网络数据库（菅利荣等，2014）。很多学者都提出知识集成共享是产业集群知识管理的基础支撑，是集群内的多组织跨越时间、空间的限制实现网络化协同的资源基础。目前ADTC等知识集成机构在市场竞争加剧、技术变革加快、国际产业价值链空间重组的产业集群发展背景下，停滞

① **基金项目**：辽宁省科技计划项目（2013401028）。

作者简介：阚双，东北大学工商管理学院讲师，博士研究生；郭伏，东北大学工商管理学院教授，博士研究生导师；李甲翔，东北大学工商管理学院本科生；齐浩天，东北大学工商管理学院本科生；金晓敏，东北大学工商管理学院本科生。

于知识集成，无法形成行之有效的知识管理。产业集群具有项目制、常态化特征，尤其是对于那些研发成本高、技术密集、规模大的复杂产品集群，研发团队成员选择直接影响着产业集群知识集成、创新激发、知识扩散的效率，长期影响着产业集群技术升级的能力。对于研发团队组建这样的知识管理关键问题，如果仍然依靠传统的企业间社会网络关系、以及市场契约关系和ADTC等知识集成机构，没有科学的选择技术，缺乏具有专业化的管理平台，将无法实现产业集群组织的科学选择和协同研发，导致技术创新能力和经济运行指标都无法达到预期发展效果。学者们从经济学、系统论等视角，提出了将ADTC等知识集成机构的知识管理功能扩展的思路（郭伏等，2014），孙国强（2003）强调了制约与调节成员单位间的信息不对称和不完全契约要靠非正式机制的思路，本文重点研究如何构建知识集成载体，以及围绕其建立管理信息化、组织网络化、服务专业化的产业集群知识管理服务平台，并解决研发团队组建技术，提供产业集群研发团队组建问题的系统化治理思路。

产业集群的研发团队成员选择问题，涉及到的第一个关键问题是集群组织知识的描述问题。20世纪90年代开始，Teoet al.（2006）以网络的方式解析了知识关联和特征，其后很多学者先后构建了同质节点、异质节点的知识网络，王众托院士等提出“知识超网络”的概念后，党延忠和席运江（2005）将超网络研究方法应用到知识网络研究中，席运江等构建了三异质节点（组织、个人、载体）的跨组织知识超网络模型，并提出了基于加权知识网络的个人及群体知识结构分析方法，乐承毅等（2013）提出了知识网络平台提升管理的思路，刘向等（2011）提出了知识网络的结构与演化研究思路，冯博和樊治平（2012）研究了基于协同效应的知识创新团队伙伴选择方法等，这些研究成果解决了知识主体、知识内容、知识载体的网络化描述，解决了个人或组织的知识存量测度问题，为研发团队组建提供了决策基础。第二个关键问题是多主体贡献决策（MADM）问题，这是现代决策理论中重要的研究项目，Zadeh提出的模糊区间理论为解决MADM问题开阔了思路、提供了工具。在Atanassov&Gargov的一般模糊、成员阶层中等模糊度的研究基础上，Atanassov进一步提出了区间值直觉不确定模糊组IVIFS。Wang&Li为多成员的阶层排列提供了方案，Liu（2013）在此基础上提出了集结算子、直觉不确定语言变数的定义和算子运用法，开发了直觉不确定语言加权几何平均（IULWGA）算子、直觉不确定语言混合几何（IULHG）算子。徐泽水（2007）研究了区间直觉模糊信息的集成方法及其在决策中的应用他们应用基于区间值直觉不确定语言信息探索了MADM决策问题的解决方法。上述成果是本文的研究基础，本文在上述研究基础上，进一步推进了基于区间直观不确定模糊语言信息的研发团队成员选择的科学决策问题，最后提出了科学治理的相关对策建议。

二、产业集群O-K知识超网络模型

Hakansson认为,具有参与活动能力的行为主体,在主动或被动地参与活动中,通过资源的流动,彼此之间形成了一些正式或非正式的网络关系,因此网络应包含三个基本变量:行为主体、资源、活动。产业集群的行为主体是组织,资源是各类知识,活动可考虑为组织的知识学习、知识交流、知识创新等。因此,可以构建具有异质节点特征的产业集群知识网络。

知识广泛地存在于互联网、企业产品研发与制造的文档资料、论文等载体中,产业集群的知识也是这样。产业集群的编码知识和缄默知识共同构成知识集合。对编码知识,知识分类的方法有很多种,目前不失一般性的方法是以语义分类为基础进行知识分类。具体可以表现为:将集群知识按照学科或应用领域划分为若干知识领域,再逐步将每一知识领域划分为更小的知识领域,最后得到的最小的知识领域称之为知识点。但由于知识点的划分过于细致,与生活实践中应用的知识分类习惯不同,因此,本文遵循席运江和党延忠(2008)对知识领域的分割方法:以知识分类为基础,将产业集群全部知识按照学科或应用领域划分为若干知识领域,再逐步将每一知识领域划分为更小的知识领域,最后得到的最小的知识领域称之为知识单元,将在分类上与其他知识单元不存在知识交叉的知识单位称为"知识点"。按照此方法,运用知识挖掘技术对集成平台获取的海量知识与信息分解后,就可以得到若干个编码知识点。产业集群中的缄默知识,主要是指在设计研发、生产制造过程中的经验、熟练技能等,将其归纳为某名词或概念,以此作为知识节点。因此可以得到产业集群的知识点集合。关于节点间的连结原则,席运江提出可基于知识点所属的知识域、知识的关联对象、知识的内容角度是否存在联系来判定,于洋等(2010)认为可以从有无相同知识核进行判定,本文采用基于知识点之间的知识域关联角度,用布尔变量值$\theta\left(ke_i,ke_j\right)$描述任意两个知识点之间的有无知识域关联,利用式1对任意两个布尔变量值为1的节点连结网络边,就形成描述全部知识点及其知识域关联的知识子网络(简称K网络)。借助知识地图等工具经过特殊化的处理(马费城和郝金星,2006),就可以显现知识的知识域关联网络(于洋等,2010)。

$$\theta\left(ke_i,ke_j\right)=\begin{cases}1, & \text{知识点}ke_i\text{与}ke_j\text{有知识内容的关联}\\0, & \text{知识点}ke_i\text{与}ke_j\text{无知识内容的关联}\end{cases} \quad (\text{式}1)$$

产业集群知识的行为主体是彼此独立的众多组织,这些组织在产业集群创新中各司其职,企业主要致力于生产制造,而科研院所、高等院校主要致力于科学研究,中介机构、行业协会、政府及派出机构主要致力于创新服务。本研究将任一具有独立决策能力的组织看作是一个组织节点。产业集群组织节点间的关联具有复杂性，组织之间既有基于信任的社会联系，也有基于知识契约的市场联系，以及基于合作的知识交易联系等（李志刚等，2007），本文不考虑组织间知识行为的具体内容，只是基于是否具有知识关联作为组织间是否结边的判断标准。O网络中，以布尔变量$\gamma\left(o_i,o_j\right)$值为组织间关系的判别公式（式2），当布尔变量值为1时，表明两组织存在知识交流的网络边。q个组织的O网络表示为$G_O=\left(O,E_{oi-oj}\right)$，其中$O=\left(o_1,\ o_2,\ \wedge,\ o_q\right)$，$E_{oi-oj}=\left\{o_i,o_j\ \mid\gamma\left(o_i,o_j\right)=1\right\}$。O网络结构的演化就是既有组织不断建立网络边、网络的组织间知识关联不断稠密化的过程。

$$\gamma\left(o_i,o_j\right)=\begin{cases}1, & \text{组织}o_i\text{与组织}o_j\text{有知识关联}\\0, & \text{组织}o_i\text{与组织}o_j\text{没有知识关联}\end{cases}\qquad\text{（式2）}$$

同时我们也应看到，O网络与K网络之间也存在着知识关联，依据式3的$\varphi\left(ke_i,o_j\right)$布尔变量值，就可以判断知识点节点与组织节点的K-O异质网络边是否存在。

$$\varphi\left(ke_i,o_j\right)=\begin{cases}1, & \text{知识点}ke_i\text{与组织}o_j\text{有知识关联}\\0, & \text{知识点}ke_i\text{与组织}o_j\text{无知识关联}\end{cases}\qquad\text{（式3）}$$

这个异质节点网络可以用来表达某知识点被哪些组织掌握，或者某组织的知识集合。掌握知识点k_i的全部组织可以表示为集合：$SM_{ki}^{K-O}=\left\{o_j\mid k_i\epsilon K,o_j\epsilon O,\text{且}\varphi\left(k_i,o_j\right)=1\right\}$，组织$o_i$的知识点集合可以表示为：$SM_{Oi}^{K-O}=\left\{k_j\mid k_j\epsilon K,o_i\epsilon O,\text{且}\varphi\left(k_j,o_i\right)=1\right\}$。K网络、O网络以及它们之间的映射关系网络共同构成了产业集群的复杂知识网络。Teoet al.（2006）提出了“超网络”的概念（即那些高于单个网络之上的网络），超网络具有多层性、多维流量性、多准则性等特征。上文所研究构建的网络，既包括同质的K网络、O网络，也包括异质节点的O-K网络，形成的网络是网络之上的网络，下文简称之为O-K超网络。

三、构建产业集群知识管理服务平台

上文形成的产业集群O-K知识超网络，从功能上与ADTC等知识集成载体或机构的性质相同。但产业集群知识管理服务的使用者和参与者众多，包括大专院校、科研院所、行业协会、教育培训机构、专业中介机构、地方生产力促进中心、科技局、企业等。在以研发团队组建为代表的产业集群知识管理中，面临的一个关键问题就是如何将集成的知识和信息有序传递。本文提出，建立一个规范的产业集群知识管理服务载体，该载体以管理信息化、组织网络化、服务专业化为特征，确定系统化、规范化的管理服务流程和标准，组建专业化的产业集群管理和服务团队，通过网络接点与吃那也集群知识管理需求实现交互，就构建了一个基于网络的产业集群知识管理服务平台（以下简称平台），可以面向产业集群解决研发团队组建、知识转移等具体相关知识管理服务。

以O-K知识超网络的信息收集和描述功能为数据基础，平台的运行需要一整套产业集群知识管理服务支持系统。从框架上，平台的支持系统应该包括以下几部分内容：

（一）一个“管理团队”

这个团队存在于网络线下，由一些具备知识管理专业从业能力的人员构成，具有自己的一整套管理架构，其工作内容是提供专业化的知识管理服务。他们的作用是将平台上所具备的知识服务功能与实践中的服务需求相衔接，通过线上线下的综合服务，寄托专业技能、管理工具和技术手段，辅助客户实现知识管理需求。

（二）一系列“服务章程”

具体应该包括系统化、规范化的管理服务流程和标准，对每一服务阶段要制定相应的服务标准(包括客户接洽访谈、咨询工作计划、咨询服务实施等具体服务标准)，对每种标准拟定具体的目的、适用范围、标准的内容，目的是保证网络服务咨询（订购）、客户服务管理、信息共享、日志服务等交互管理功能的有序实施。

（三）一个“知识库”

提供一系列知识管理服务实施时需用的知识管理技术，这套技术可以由管理人员开发完成，也可以通过论文搜索等方式获取已有技术方法，其总体功能是能够对客户和客户所在产业集群的基础信息进行整理、归纳、评价、判断和提示信息，同时也要有一整套的网站技术保证网络平台的正常运转。

（四）一个“专家库”

储备具有产业集群知识管理专业能力和知识水平的专家、研究人员和案例，在解决具体知识管理问题时,需要借助不同领域的专家力量临时组建动态战略联盟，针对具体问题进行评价、诊断以及提供方案指导。这个专家库的人员遴选、人员技能都要形成动态化的更新。

本文所提出的以管理信息化、组织网络化、服务专业化为特征的产业集群知识管理服务平台的构想，可以实现研发团队组建的治理，也可以在此基础上扩展解决和治理一系列产业集群知识管理问题。面向产业集群的知识管理平台的构想，这种信息服务在国内尚未展开，也将形成现代服务业的一种新的服务业态，推进我国产业集群知识管理效率和产业集群知识竞争力的提升。

四、基于区间值直觉不确定语言信息的产业集群研发团队成员选择方法

本文对于研发团队成员的选择思路是：首先，基于O-K知识超网络模型描述每个组织的知识结构，以项目预期知识必备知识点集合初步遴选候选组织；其次，对产业集群研发团队候选组织进行知识能力的多维度评价，基于直觉不确定语言信息区间值评价方法，确定组织间综合知识能力的排列顺序，最终确定研发团队成员。值得说明的是，建立项目研发团队通常要考虑研发成本等的约束条件，但产业集群的研发项目通常具备定制化、高成本的特征，受此约束比较少，因此本文未考虑成本情况。

（一）基于知识超网络描述集群组织的知识结构

O-K知识超网络的一个重要功能是描述组织的知识状态，本文用q_{Ki}表示知识节点Ki的知识含量，其含义是指知识点Ki具备的知识信息量的多少。以某个知识点所对应的知识领域层级为比照基准，借助专家或者知识地图确定知识点的不同知识领域层级结构后，不同的知识点由于在知识领域分解中对应的知识领域层级高低不同，遵循较高层级知识点的知识含量相对丰富的原则，则可对每个知识点的知识含量进行赋值。因此，对于某一个组织来说，在某个特定时点，组织oi所掌握的全部知识点的知识含量之和即为该组织此时点的知识存量，可以表示为：$S_{oi}=\sum_{j=1}^{n}q_j\left(k_j\right)$。

随着时间的推移，组织节点将不断获得新知识，O网络将不断增加新的知识节点，新的知识点也可以通过上述方式比照获得知识含量。

（二）以研发项目组要求的必备知识遴选候选组织

我们考虑到，实践中产业集群研发团队在项目运行中，每一个研发项目都是一个具有创新特征的项目，具有自己独特的知识和产品创新倾向，因此，系统集成商在预先分解项目组的研发目的和主体内容后，通常会对项目组成员具有一定的经验和技能要求。我们对此进行抽象，完善传统GUSA模型中采用随机产生团队成员的机制组建研发团队的建模方式，将对研发项目组成员的“一定经验和技能要求”抽象描述为一组知识点，将这组知识点设定为遴选条件。因此本文在团队组建中弥补改善了研发团队成员选择，设计了一个必备知识点筛选机制——只有具备研发主题中至少一个必备知识点的组织才能成为研发团队候选成员。筛选机制的目的是从众多的集群组织中确定候选成员，具体的筛选条件可以随创新项目的要求而改变。

（三）对组织知识综合能力的三个维度评价

产业集群以研发团队的组建—解散—组建为动力机制，知识管理的目的是实现集群整体知识水平的提升、最终实现技术升级。因此Caniels提出，企业知识能力是产业集群技术能力最重要的基础。Asheim认为，企业作为知识网络内部的一个重要节点，局域网络的核心，是集群创新的主体，因此集群富有创新的微观基础就是企业具有高效的技术活动能力。魏江等（2006）也认为技术创新成功的内在动因是企业自身的知识存量。孙薇等（2013）提出，从知识的角度看，研发团队的运作过程实质上是团队成员在自己已有知识的基础上，经过知识学习、知识交流、知识碰撞而产生创新知识的过程。因此，每一个研发团队的组建都需要能够使得人员之间更好的交流和学习，最大可能地保证研发成功，以实现知识创新和技术进步。因此，根据上述研究成果可以总结出，研发团队的组建需要以组织的知识综合能力评价为基础，本文的评价从三个维度提出：

1.是要考虑研发团队成员的知识掌握量

我们依据O-K知识超网络图，即可得到任一组织的知识存量。由于K网络在设置时注重了知识点之间的彼此独立，因此，知识存量越高的组织，它的知识储备就越多。理论上，其他条件同等的情况下，知识存量高的组织会具有更好的整合知识、创造知识的能力，就更适合被选中成为研发团队成员。但不同知识点具有不同的知识内容，由于知识含量的不可比较，就无法直接根据知识存量确定候选组织的知识掌握能力。因此在测度集群组织知识掌握能力的过程中，可以在计算候选组织知识存量的基础上，向专家或董事会成员提供K网络知识的层级脉络关系，专家可以在以量化数值为参考、以专业判断为基础的基础上，给出一个对该组织知识掌握能力的直观不确定语言信息评价区间值。具体方法是，设立一个直觉不确定语言术语集$S=\{s_1,s_2,s_3,s_4,s_5\}$，$s_1$="非常好"，$s_2$="好"，$s_3$="一般"，$s_4$="不好"，$s_5$="非常差"。例如，对于一个知识存量较高、知识结构较陈旧的集群组织，专家给出的知识掌握能力$\{s_2,s_3\}$，就是直觉不确定语言信息区间值。

2.是要考虑研发候选组织的知识共享能力

产业集群作为动态的复杂系统，其知识能力提升同时受到内部因素、外部环境的影响。从内部因素上看，产业集群知识增长的动力主要是企业的知识创造能力、企业之间知识交流能力和吸收外界知识能力（姜照华等，2004）。本文假定一定时期内外界创新来源对产业集群知识增长的影响较小（即忽略吸收外界知识能力），认为那些具有与更多组织交流合作经验的组织能够更好地适应团队研发、提高成功可能性，因此将组织的知识交流合作能力纳入评价维度。我们依据O-K知识超网络中O网络图，可以描述任一组织与其他组织的知识交流状况，其在O网络全部网络边中所占的比重，一定程度上反映了组织的知识交流能力。但值得注意的是，若存在两个组织具有同样的知识交流能力，其中一个组织与网络中心性较好的企业存在1条网络边，而另一个组织与一个孤立企业存在一条网络边，二者虽然在组织交往中的网络交流边数量相同，但知识交流所可能产生的能力完全不同：一般情况下，前者会在研发合作中具有更好的合作成功可能性，不能直接根据组织的知识交流网络边数确定候选组织的知识交流能力。因此在向专家或董事会成员提供候选组织的网络交流边数的基础上，还要提供O网络的网络图，由专家根据候选组织的网络边以及不同组织的网络中心性参考、以专业判断为基础，同样在直觉不确定语言术语集$S=\{s_1,s_2,s_3,s_4,s_5\}$中，给出一个直觉不确定语言评价区间值。

3.是要考虑候选组织对研发项目具有较好的匹配和适应能力

即研发团队成员之间能够进行较好的知识交流和彼此激发。为了实现研发团队的创新目的，保证团队知识交流和知识创新的顺畅性，团队成员应该是那些与团队必备知识最匹配和相似度高的组织。基于O-K知识超网络，可以通过集合描述每个候选组织的知识集 $Koi=(k_1,\ k_2,\ \wedge,\ k_m)$。将课题研发所必备的知识点表示为另一个知识集合K，两个集合的相似度可以用两向量的夹角余弦（式4）计算（孙薇等，2013）。

$$SIM\left(O_iO_j\right)=\cos(O_i,O_j)\frac{O_i\times O_j}{\|O_i\|\times\|O_j\|}=\frac{\sum_{k=1}^{n}\omega_{ik}\times\omega_{jk}}{\sqrt{[(\sum_{k=1}^{n}\omega_{ik_2})(\sum_{k=1}^{n}\omega_{ik_2})]}} \quad (式4)$$

其中，O_i,O_j为任意两个组织ω_{ik_n}表示组织的知识源在集群中的权重。

获取候选组织与研发团队知识的相似度以后，可能存在匹配程度相同的两个候选组织，虽然能从知识适应度上一定程度地说明优劣，但由于在项目研发中知识的不同重要性，无法直接判定谁更适合成为研发团队成员。因此，同样以知识相似度的量化指标作为一个参考数据，由专家综合考虑研发团队必备知识点与组织的知识集合，给出一个评价的直觉不确定语言信息区间值。

综上，对组织的知识综合能力综合评价，形成了知识掌握能力、知识共享能力、项目知识匹配能力三个评价维度，依托O-K知识超网络可得到描述候选组织上述三个维度的量化值。借助专家的专业和判断能力，可得到上述三个维度的三个直觉不确定语言信息区间值评价。

（四）基于区间值直觉不确定语言变量的组织知识综合能力评价

1.每一位专家对每一个候选组织的三个知识能力评价维度进行模糊区间评价。从组织的知识掌握能力、组织的知识共享能力、组织的项目知识匹配能力三个维度，由专家或董事会成员依据评价的模糊术语集$S=\{s_1,s_2,s_3,s_4,s_5\}$（其中$s_1$=“非常好”，$s_2$=“好”，$s_3$=“一般”，$s_4$=“不好”，$s_5$=“非常差”）对每个候选组织的优劣程度或绩效进行主观评价，给出每个维度的隶属度与非隶属度，即得到每个专家或董事会成员对任一组织的三个区间值直觉不确定语言值，即直觉模糊不确定决策矩阵，形式为：$\left(\tilde{A}_{ij}\right)_{m\times n}=\left(\left[S_{\alpha_{ij}},S_{\beta_{ij}}\right],\left(\left[a_{ij},b_{ij}\right],\left[c_{ij},d_{ij}\right]\right)\right)_{m\times n}$，区间值直觉不确定语言值的单个维度的形式为：$\tilde{a}_1=\{\left[s_{\theta(\tilde{a}_1)},s_{\tau(\tilde{a}_1)}\right],\left[u^L(\tilde{a}_1),u^U(\tilde{a}_1)\right],\left[v^L(\tilde{a}_1),v^U(\tilde{a}_1)\right]\}$，其中$\left[u^L(\tilde{a}_1),u^U(\tilde{a}_1)\right]$是专家给出的直觉不确定评价值处于不确定语言值的隶属度，$\left[v^L(\tilde{a}_1),v^U(\tilde{a}_1)\right]$表明评价值的非隶属度。隶属度与非隶属度加总小于等于1，因为存在犹豫度（Turksen& Zhong，1990）。

2. 在专家或董事会成员进行组织区间值直觉不确定评价区间后，需要明确专家组每个个人的权重，结合Atanassov（1994）提出的区间值直觉不确定变量的一般计算公式（式8），可汇总得到专家对三个企业不同维度的综合评价矩阵。

设：区间值直觉不确定变量$\tilde{a}_1=\left\{\left[s_{\theta(\tilde{a}_1)},s_{\tau(\tilde{a}_1)}\right],\left[u^L(\tilde{a}_1),u^U(\tilde{a}_1)\right],\left[v^L(\tilde{a}_1),v^U(\tilde{a}_1)\right]\right\}$和$\tilde{a}_2=\{\left[s_{\theta(\tilde{a}_2)},s_{\tau(\tilde{a}_2)}\right],\left[u^L(\tilde{a}_2),u^U(\tilde{a}_2)\right],\left[v^L(\tilde{a}_2),v^U(\tilde{a}_2)\right]\}$

则有：

$$\begin{aligned}\tilde{a}_1+\tilde{a}_2=\{&\left[s_{\theta(\tilde{a}_1)+\theta(\tilde{a}_2)},s_{\tau(\tilde{a}_1)+\tau(\tilde{a}_2)}\right],\left[1-\left(1-u^L(\tilde{a}_1)\right)\left(1-u^L(\tilde{a}_2)\right),\right.\\&\left.1-\left(1-u^U(\tilde{a}_1)\right)\left(1-u^U(\tilde{a}_2)\right)\right],\left[v^L(\tilde{a}_1)v^L(\tilde{a}_2),v^U(\tilde{a}_1)v^U(\tilde{a}_2)\right]\}\end{aligned}\quad(式5)$$

$$\begin{aligned}\tilde{a}_1\tilde{a}_2=\Big\{&\left[s_{\theta(\tilde{a}_1)\times\theta(\tilde{a}_2)},s_{\tau(\tilde{a}_1)\times\tau(\tilde{a}_2)}\right],\left[u^L(\tilde{a}_1)u^L(\tilde{a}_2),u^U(\tilde{a}_1)u^U(\tilde{a}_2)\right],\\&\left[1-\left(1-v^L(\tilde{a}_1)\right)\left(1-v^L(\tilde{a}_2)\right),1-\left(1-v^U(\tilde{a}_1)\right)\left(1-v^U(\tilde{a}_2)\right)\right]\Big\}\end{aligned}\quad(式6)$$

$$\lambda\tilde{a}_1=\left\{\left[s_{\theta(\tilde{a}_1)\times\lambda},s_{\tau(\tilde{a}_1)\times\lambda}\right],\left[1-\left(1-u^L(\tilde{a}_1)\right)^{\lambda},1-\left(1-u^U(\tilde{a}_1)\right)^{\lambda}\right],\left[\left(v^L(\tilde{a}_1)\right)^{\lambda},\left(v^U(\tilde{a}_1)\right)^{\lambda}\right]\right\}(式7)$$

$$\tilde{a}_1^{\lambda}=\left\{\left[s_{\left(\theta(\tilde{a}_1)\right)^{\lambda}},s_{\left(\tau(\tilde{a}_1)\right)^{\lambda}}\right],\left[\left(u^L(\tilde{a}_1)\right)^{\lambda},\left(u^U(\tilde{a}_1)\right)^{\lambda}\right],\left[1-\left(1-v^L(\tilde{a}_1)\right)^{\lambda},1-\left(1-v^U(\tilde{a}_1)\right)^{\lambda}\right]\right\}(式8)$$

区间值直觉不确定语言加权平均算子的含义有如下定义：“设$\widetilde{a}_j=\{\left[s_{\theta(\widetilde{a}_j)},s_{\tau(\widetilde{a}_j)}\right],\left[u^L(\widetilde{a}_j),u^U(\widetilde{a}_j)\right],\left[v^L(\widetilde{a}_j),v^U(\widetilde{a}_j)\right]\}$（j=1，2⋯，n）是一组区间值直觉不确定语言变量，设：$\Lambda:\ \Omega^n\rightarrow\Omega$，如果：$\Lambda\left(\widetilde{a}_1,\widetilde{a}_2,\cdots,\widetilde{a}_n\right)=\sum_{j=1}^{n}\omega_j\tilde{a}_j$，其中，$\Omega$是区间值直觉不确定语言集，$\omega=(\omega_1,\omega_2,\cdots,\omega_n)^T$是$\widetilde{a}_j$(j=1,2…,n)的加权向量，且$\omega_j\in[0,1],\sum_{j=1}^{n}\omega_j=1$。那么，就称$\Lambda$为区间值直觉不确定加权平均算子”。基于该定义，liu得到了区间值直觉不确定加权平均算子的一般计算规则（式9）（刘培德和金芳，2014；Liu，2013）：

若 $\widetilde{a}_j=\{\left[s_{\theta(\widetilde{a}_j)},s_{\tau(\widetilde{a}_j)}\right],\left[u^L(\widetilde{a}_j),u^U(\widetilde{a}_j)\right],\left[v^L(\widetilde{a}_j),v^U(\widetilde{a}_j)\right]\}$(j=1，2⋯，n)是一组区间值直觉不确定语言变量，则区间值直觉不确定加权平均算子的一般计算规则为：

$$\Lambda\left(\widetilde{a_1},\widetilde{a_2},\cdots,\widetilde{a_n}\right)=\sum_{j=1}^{n}\omega_j\tilde{a}_j=\left\{[s_{x_n},s_{y_n}],\left[1-\prod_{j=1}^{n}\left(1-u^L(\tilde{a}_j)\right)^{\omega_j},1-\prod_{j=1}^{n}(1-nisticfuzzysets[J].u^U(\tilde{a}_j)^{\omega_j}\right],\right.$$

$$\left.\left[\prod_{j=1}^{n}\left(v^L(\tilde{a}_j)\right)^{\omega_j},\prod_{j=1}^{n}\left(v^U(\tilde{a}_j)\right)^{\omega_j}\right]\right\} \quad \text{（式9）}$$

其中，$x_n=\sum_{j=1}^{n}\omega_j\theta(\tilde{a}_j)$，$y_n=\sum_{j=1}^{n}\omega_j\tau(\tilde{a}_j)$。$\omega=(\omega_1,\omega_2,\cdots,\omega_n)^T$ 是 $\widetilde{a}_j$(j=1,2…,n)的加权向量，且 $\omega_j\in[0,1],\sum_{j=1}^{n}\omega_j=1$。

3.每位专家对于每一个维度在维度集合中的重要性进行个人主观衡量，给出一个权重排序集合(w_{ij})，{i为专家序号，j为维度序号}。每个专家对全体维度的权重赋值后，结合专家的权重，按照加权平均法，可以得到专家组对同一个维度的加权平均权重，依次计算得到三个维度的专家加权平均权重。以此为权重为依据，应用区间值直觉不确定加权几何算子(IVIULOWG)(式10)，计算得到专家组对任一组织的综合评价(Kanet al.，2016)。

$$IVIULOWG_w\left(\widetilde{a_1},\widetilde{a_2}\cdots\cdots\widetilde{a_n}\right)=\bigotimes_{j=1}^{n}(\tilde{a}_j)^{\omega_j}=\left\{\left[\bigotimes_{j=1}^{n}\left(s_{\theta(a_j)}\right)^{\omega_j},\bigotimes_{j=1}^{n}\left(s_{\tau(a_j)}\right)^{\omega_j}\right],\right.$$

$$\left[\prod_{j=1}^{n}\left(u^L(\tilde{a}_j)\right)^{\omega_j},\prod_{j=1}^{n}\left(u^U(\tilde{a}_j)\right)^{\omega_j}\right],\left[1-\prod_{j=1}^{n}\left(1-v^L(\tilde{a}_j)\right)^{\omega_j},1-\prod_{j=1}^{n}(1-v^U(\tilde{a}_j)^{\omega_j}\right]$$

（式10）

4.计算产业集群所有候选组织的区间值直觉不确定综合评价的期望值，区间值的计算公式如（式11）所示。

若 $\tilde{a}_1=\{\left[s_{\theta(\tilde{a}_1)},s_{\tau(\tilde{a}_1)}\right],\left[u^L(\tilde{a}_1),u^U(\tilde{a}_1)\right],\left[v^L(\tilde{a}_1),v^U(\tilde{a}_1)\right]\}$ 为区间直觉不确定语言变量，那么，称 $E(\tilde{a}_1)$ 为 $\tilde{a}_1$ 的期望值（刘培德和金芳，2014）。

$$E(\tilde{a}_1)=\frac{1}{2}\times\left(\frac{u^L(\tilde{a}_1)+u^U(\tilde{a}_1)}{2}+1-\frac{v^L(\tilde{a}_1)+v^U(\tilde{a}_1)}{2}\right)\times s_{\frac{(\theta(\tilde{a}_1)+\tau(\tilde{a}_1)}{2}} \quad \text{（式11）}$$

$$=s_{(\theta(\tilde{a}_1)+\tau(\tilde{a}_1)\times\left(u^L(\tilde{a}_1)+u^U(\tilde{a}_1)+2-v^L(\tilde{a}_1)-v^U(\tilde{a}_1)\right))/8}$$

5.根据计算得到的每个候选组织的区间值直觉不确定综合评价的期望值，因为区间值直觉不确定综合评价的期望值下标的分值越小，表明该组织的知识能力越强，所以，按照从小到大的顺序排序后，排序优先者应该被优先选择。

五、一个算例

某装备制造业集群有30个企业(O_1,O_2,…,O_{18}),可以构建该产业集群的O-K知识超网络。基于该超网络,以研发团队必备知识集合(k_1,k_2,k_3,k_4,k_5,k_6)筛选后,得到候选组织为O_1-O_{18}。研发团队成员选择中考核以下三个维度:A_1-组织的知识掌握能力,A_2-组织的知识共享能力,A_3-组织的项目知识匹配能力。现有三位专家E_1、E_2、E_3,专家评价的权重分别为0.1,0.4,0.5。某课题要选择5个组织组建研发团队。则研发团队成员的选择过程如下:

步骤1:根据O-K知识超网络的18个企业的三维量化知识能力数据及专家的隶属度、非隶属度及区间值直觉不确定语言信息,可得到候选组织的三个维度的区间值直觉不确定决策矩阵(表1、表2、表3):

表1 组织知识综合能力评价的E_1(知识掌握能力)区间值直觉不确定决策矩阵

	A_1	A_2	A_3
O_1	([s1,s2],(0.32,0.56),(0.33,0.44))	([s2,s3],(0.21,0.45),(0.32,0.44))	([s3,s4],(0.34,0.47),(0.39,0.49))
O_2	([s2,s3],(0.45,0.66),(0.26,0.33))	([s3,s3],(0.56,0.67),(0.11,0.27))	([s2,s5],(0.27,0.35),(0.48,0.59))
O_3	([s3,s4],(0.38,0.47),(0.42,0.5))	([s1,s2],(0.34,0.45),(0.41,0.45))	([s4,s5],(0.33,0.45),(0.24,0.55))
O_4	([s3,s5],(0.45,0.55),(0.19,0.32))	([s2,s4],(0.36,0.41),(0.43,0.59))	([s2,s4],(0.23,0.39),(0.44,0.6))
O_5	([s2,s3],(0.38,0.47),(0.43,0.51))	([s3,s5],(0.16,0.43),(0.25,0.57))	([s2,s3],(0.35,0.45),(0.39,0.53))
O_6	([s3,s3],(0.16,0.37),(0.38,0.62))	([s4,s5],(0.3,0.46),(0.41,0.51))	([s1,s3],(0.26,0.39),(0.36,0.61))
O_7	([s1,s2],(0.18,0.44),(0.45,0.53))	([s2,s3],(0.29,0.53),(0.37,0.61))	([s2,s4],(0.28,0.34),(0.43,0.59))
O_8	([s3,s5],(0.22,0.34),(0.51,0.6))	([s1,s3],(0.14,0.33),(0.42,0.54))	([s2,s2],(0.26,0.37),(0.35,0.63))
O_9	([s1,s3],(0.11,0.27),(0.51,0.71))	([s1,s2],(0.56,0.67),(0.11,0.27))	([s3,s3],(0.33,0.45),(0.24,0.55))
O_{10}	([s3,s4],(0.21,0.35),(0.36,0.55))	([s2,s4],(0.16,0.37),(0.38,0.62))	([s2,s4],(0.14,0.33),(0.43,0.54))
O_{11}	([s4,s5],(0.25,0.34),(0.46,0.59))	([s3,s4],(0.21,0.33),(0.51,0.66))	([s4,s5],(0.29,0.35),(0.37,0.61))
O_{12}	([s2,s3],(0.22,0.36),(0.43,0.51))	([s1,s3],(0.45,0.66),(0.26,0.33))	([s3,s4],(0.11,0.27),(0.51,0.71))
O_{13}	([s3,s5],(0.34,0.44),(0.46,0.51))	([s2,s2],(0.34,0.35),(0.27,0.56))	([s1,s2],(0.21,0.32),(0.53,0.59))
O_{14}	([s4,s5],(0.35,0.46),(0.5,0.53))	([s3,s4],(0.56,0.6),(0.14,0.28))	([s2,s3],(0.13,0.34),(0.45,0.61))
O_{15}	([s2,s3],(0.12,0.34),(0.35,0.44))	([s4,s5],(0.37,0.45),(0.33,0.45))	([s2,s4],(0.24,0.35),(0.45,0.53))
O_{16}	([s1,s3],(0.15,0.22),(0.56,0.73))	([s2,s4],(0.33,0.45),(0.25,0.52))	([s1,s3],(0.45,0.47),(0.51,0.53))
O_{17}	([s3,s4],(0.21,0.32),(0.46,0.57))	([s3,s3],(0.45,0.46),(0.43,0.47))	([s3,s4],(0.19,0.27),(0.44,0.67))
O_{18}	([s4,s4],(0.17,0.37),(0.46,0.63))	([s4,s5],(0.34,0.57),(0.4,0.43))	([s5,s5],(0.18,0.36),(0.46,0.64))

表2 组织知识综合能力评价的E_2(知识共享能力)区间值直觉不确定决策矩阵

	A_1	A_2	A_3
O_1	([s2,s3],(0.22,0.36),(0.33,0.51))	([s1,s2],(0.21,0.32),(0.5,0.59))	([s2,s2],(0.26,0.37),(0.35,0.63))
O_2	([s3,s4],(0.34,0.54),(0.4,0.51))	([s2,s4],(0.13,0.34),(0.45,0.61))	([s2,s3],(0.33,0.45),(0.24,0.55))
O_3	([s3,s4],(0.2,0.33),(0.51,0.62))	([s4,s5],(0.37,0.55),(0.33,0.45))	([s2,s4],(0.14,0.33),(0.42,0.54))
O_4	([s1,s2],(0.45,0.56),(0.16,0.33))	([s2,s3],(0.4,0.45),(0.34,0.51))	([s1,s2],(0.21,0.32),(0.47,0.59))
O_5	([s3,s5],(0.56,0.67),(0.21,0.27))	([s3,s3],(0.34,0.44),(0.35,0.54))	([s5,s5],(0.18,0.36),(0.46,0.64))
O_6	([s1,s2],(0.24,0.45),(0.31,0.55))	([s4,s5],(0.35,0.46),(0.5,0.53))	([s3,s4],(0.24,0.35),(0.45,0.53))
O_7	([s3,s4],(0.19,0.27),(0.44,0.67))	([s2,s3],(0.41,0.42),(0.35,0.56))	([s3,s5],(0.45,0.55),(0.19,0.41))
O_8	([s5,s5],(0.18,0.36),(0.46,0.64))	([s2,s4],(0.36,0.4),(0.25,0.5))	([s2,s4],(0.16,0.4),(0.38,0.62))
O_9	([s4,s5],(0.35,0.46),(0.5,0.53))	([s4,s4],(0.17,0.43),(0.51,0.63))	([s3,s3],(0.49,0.57),(0.11,0.27))
O_{10}	([s3,s4],(0.16,0.43),(0.35,0.57))	([s3,s5],(0.56,0.75),(0.13,0.22))	([s2,s3],(0.21,0.45),(0.32,0.44))
O_{11}	([s2,s4],(0.28,0.47),(0.42,0.52))	([s4,s5],(0.56,0.67),(0.1,0.27))	([s3,s5],(0.34,0.44),(0.46,0.55))
O_{12}	([s3,s5],(0.45,0.55),(0.19,0.32))	([s1,s2],(0.1,0.27),(0.51,0.7))	([s3,s4],(0.16,0.43),(0.25,0.57))
O_{13}	([s2,s4],(0.29,0.35),(0.45,0.61))	([s4,s5],(0.29,0.34),(0.51,0.59))	([s4,s5],(0.3,0.46),(0.41,0.51))
O_{14}	([s1,s2],(0.32,0.56),(0.33,0.44))	([s4,s4],(0.45,0.47),(0.33,0.42))	([s3,s4],(0.21,0.33),(0.53,0.65))
O_{15}	([s2,s4],(0.28,0.34),(0.43,0.59))	([s2,s3],(0.35,0.56),(0.3,0.44))	([s1,s3],(0.45,0.66),(0.26,0.33))
O_{16}	([s3,s3],(0.35,0.46),(0.33,0.47))	([s2,s3],(0.22,0.36),(0.43,0.51))	([s4,s5],(0.37,0.45),(0.33,0.45))
O_{17}	([s3,s4],(0.17,0.41),(0.36,0.53))	([s2,s5],(0.27,0.35),(0.48,0.59))	([s3,s5],(0.39,0.46),(0.43,0.51))
O_{18}	([s1,s2],(0.55,0.66),(0.26,0.34))	([s1,s2],(0.21,0.32),(0.53,0.59))	([s3,s3],(0.33,0.45),(0.24,0.55))

表3 组织知识综合能力评价的E_3(项目知识匹配能力)区间值直觉不确定决策矩阵

	A_1	A_2	A_3
O_1	([s2,s4],(0.29,0.35),(0.45,0.61))	([s2,s4],(0.39,0.45),(0.25,0.55))	([s4,s4],(0.45,0.47),(0.33,0.42))
O_2	([s1,s2],(0.32,0.56),(0.33,0.44))	([s2,s5],(0.27,0.35),(0.48,0.59))	([s2,s3],(0.35,0.56),(0.3,0.44))
O_3	([s4,s5],(0.37,0.55),(0.33,0.45))	([s1,s2],(0.21,0.32),(0.53,0.59))	([s3,s5],(0.56,0.75),(0.13,0.22))
O_4	([s2,s3],(0.4,0.45),(0.34,0.51))	([s4,s5],(0.35,0.46),(0.5,0.53))	([s4,s5],(0.56,0.67),(0.11,0.27))
O_5	([s4,s5],(0.29,0.34),(0.51,0.59))	([s2,s4],(0.41,0.42),(0.35,0.56))	([s2,s2],(0.26,0.37),(0.35,0.63))
O_6	([s4,s4],(0.45,0.47),(0.33,0.42))	([s3,s3],(0.34,0.44),(0.35,0.54))	([s3,s5],(0.34,0.44),(0.46,0.55))
O_7	([s4,s5],(0.29,0.34),(0.51,0.59))	([s4,s5],(0.35,0.46),(0.5,0.53))	([s2,s4],(0.28,0.34),(0.43,0.58))
O_8	([s4,s4],(0.45,0.47),(0.33,0.42))	([s2,s3],(0.22,0.36),(0.33,0.51))	([s3,s3],(0.35,0.46),(0.33,0.47))
O_9	([s2,s4],(0.29,0.35),(0.45,0.61))	([s3,s4],(0.54,0.54),(0.4,0.51))	([s1,s4],(0.21,0.32),(0.53,0.59))
O_{10}	([s1,s2],(0.32,0.56),(0.33,0.44))	([s1,s2],(0.32,0.56),(0.33,0.44))	([s1,s2],(0.32,0.56),(0.33,0.44))
O_{11}	([s2,s4],(0.39,0.45),(0.25,0.55))	([s2,s4],(0.28,0.34),(0.43,0.59))	([s2,s4],(0.28,0.34),(0.43,0.59))
O_{12}	([s4,s4],(0.17,0.43),(0.51,0.63))	([s3,s3],(0.35,0.46),(0.33,0.47))	([s3,s4],(0.17,0.41),(0.36,0.53))
O_{13}	([s4,s5],(0.37,0.45),(0.33,0.45))	([s2,s5],(0.27,0.35),(0.48,0.59))	([s3,s4],(0.45,0.55),(0.19,0.41))

续表

	A_1	A_2	A_3
O_{14}	([s3,s5],(0.39,0.46),(0.43,0.51))	([s2,s4],(0.29,0.35),(0.45,0.61))	([s2,s4],(0.16,0.4),(0.38,0.63))
O_{15}	([s3,s4],(0.17,0.41),(0.36,0.53))	([s1,s2],(0.32,0.56),(0.33,0.44))	([s2,s3],(0.41,0.42),(0.35,0.56))
O_{16}	([s1,s2],(0.55,0.66),(0.26,0.34))	([s1,s2],(0.55,0.56),(0.26,0.34))	([s2,s4],(0.39,0.45),(0.25,0.55))
O_{17}	([s3,s5],(0.34,0.44),(0.46,0.55))	([s2,s4],(0.28,0.47),(0.42,0.52))	([s2,s3],(0.4,0.45),(0.34,0.51))
O_{18}	([s3,s4],(0.16,0.43),(0.25,0.57))	([s3,s5],(0.39,0.46),(0.43,0.51))	([s2,s4],(0.13,0.34),(0.45,0.61))

步骤2：根据专家的加权权重(0.1,0.4,0.5)，利用区间值直觉不确定加权平均算子，可汇总得到候选组织的知识能力综合评价矩阵(表4)：

表4 产业集群研发团队候选组织的知识能力综合评价矩阵

	A_1	A_2	A_3
O_1	([s1.9,s3.4],(0.266,0.379),(0.385,0.55))	([s1.6,s3.1],(0.306,0.401),(0.338,0.553))	([s3.1,s3.2],(0.369,0.432),(0.344,0.502))
O_2	([s1.9,s2.9],(0.342,0.564),(0.348,0.454))	([s2.1,s4.4],(0.256,0.389),(0.404,0.553))	([s2,s3.2],(0.334,0.5),(0.288,0.495))
O_3	([s3.5,s4.5],(0.308,0.464),(0.402,0.517))	([s2.2,s3.2],(0.291,0.436),(0.427,0.516))	([s2.7,s4.6],(0.4,0.599),(0.221,0.345))
O_4	([s1.7,s2.8],(0.426,0.507),(0.237,0.409))	([s3,s4.4],(0.371,0.451),(0.422,0.528))	([s2.6,s3.7],(0.412,0.531),(0.226,0.4))
O_5	([s3.4,s4.8],(0.422,0.511),(0.352,0.425))	([s2.5,s3.2],(0.361,0.429),(0.338,0.553))	([s3.2,s3.3],(0.239,0.375),(0.395,0.623))
O_6	([s2.7,s3.1],(0.347,0.453),(0.326,0.486))	([s3.5,s4],(0.340,0.450),(0.410,0.533))	([s2.8,s4.4],(0.294,0.4),(0.445,0.548))
O_7	([s3.3,s4.3],(0.241,0.324),(0.475,0.614))	([s3,s4],(0.369,0.434),(0.421,0.549))	([s2.4,s4.4],(0.354,0.434),(0.310,0.51))
O_8	([s4.3,s4.5],(0.332,0.416),(0.394,0.515))	([s1.9,s3.4],(0.286,0.395),(0.303,0.529))	([s2.5,s3.3],(0.27,0.428),(0.351,0.541))
O_9	([s2.7,s4.3],(0.299,0.389),(0.475,0.585))	([s3.2,s3.8],(0.305,0.515),(0.387,0.521))	([s2,s2.5],(0.348,0.446),(0.261,0.429))
O_{10}	([s2,s3],(0.249,0.493),(0.341,0.499))	([s1.9,s3.4],(0.416,0.636),(0.231,0.345))	([s1.5,s2.6],(0.261,0.498),(0.334,0.449))
O_{11}	([s2.2,s4.1],(0.335,0.448),(0.327,0.542))	([s2.9,s4.4],(0.403,0.499),(0.254,0.436))	([s2.6,s4.5],(0.306,0.383),(0.435,0.576))
O_{12}	([s3.4,s4.3],(0.3,0.475),(0.338,0.470))	([s2,s2.6],(0.275,0.418),(0.384,0.532))	([s3,s4],(0.16,0.406),(0.322,0.562))
O_{13}	([s3.1,s4.6],(0.336,0.411),(0.386,0.515))	([s2.8,s4.7],(0.285,0.346),(0.464,0.587))	([s3.2,s4.7],(0.372,0.496),(0.286,0.464))
O_{14}	([s2.3,s3.8],(0.359,0.502),(0.393,0.483))	([s2.9,s4],(0.389,0.429),(0.354,0.486))	([s2.4,s3.9],(0.177,0.367),(0.441,0.631))
O_{15}	([s2.5,s3.9],(0.211,0.376),(0.385,0.543))	([s1.7,s2.7],(0.337,0.550),(0.318,0.441))	([s1.6,s3.1],(0.412,0.526),(0.319,0.451))
O_{16}	([s1.8,s2.5],(0.444,0.555),(0.309,0.418))	([s1.5,s2.6],(0.416,0.541),(0.317,0.417))	([s2.7,s4.3],(0.388,0.452),(0.3,0.506))
O_{17}	([s3,s4.5],(0.264,0.417),(0.417,0.544))	([s2.1,s4.3],(0.295,0.424),(0.444,0.541))	([s2.5,s3.9],(0.378,0.438),(0.383,0.524))
O_{18}	([s2.3,s3.2],(0.346,0.532),(0.270,0.468))	([s2.3,s3.8],(0.318,0.421),(0.464,0.531))	([s2.7,s3.7],(0.221,0.388),(0.351,0.588))

步骤3：根据专家对三个维度的重要性权重，得到A_1-A_3的权重(0.3,0.2,0.5)。利用区间值直觉不确定加权几何算子，可得到对18个候选组织的区间值直觉不确定综合评价

如下:

$$O_1=\{[s_{2.3},s_{3.2}],[0.322,0.409],[0.355,0.527]\}$$

$$O_2=\{[s_2,s_{3.3}],[0.319,0.493],[0.331,0.496]\}$$

$$O_3=\{[s_{2.8},s_{4.2}],[0.347,0.52],[0.323,0.437]\}$$

$$O_4=\{[s_{2.4},s_{3.5}],[0.407,0.507],[0.273,0.430]\}$$

$$O_5=\{[s_{3.1},s_{3.7}],[0.308,0.422],[0.371,0.557]\}$$

$$O_6=\{[s_{2.9},s_{3.9}],[0.318,0.425],[0.405,0.527]\}$$

$$O_7=\{[s_{2.8},s_{4.3}],[0.318,0.397],[0.386,0.552]\}$$

$$O_8=\{[s_{2.8},s_{3.6}],[0.291,0.418],[0.355,0.531]\}$$

$$O_9=\{[s_{2.4},s_{3.2}],[0.324,0.441],[0.358,0.449]\}$$

$$O_{10}=\{[s_{1.7},s_{2.9}],[0.282,0.521],[0.317,0.446]\}$$

$$O_{11}=\{[s_{2.5},s_{4.4}],[0.332,0.423],[0.371,0.54]\}$$

$$O_{12}=\{[s_{2.9},s_{3.8}],[0.216,0.428],[0.34,0.53]\}$$

$$O_{13}=\{[s_{3.1},s_{4.7}],[0.342,0.436],[0.356,0.506]\}$$

$$O_{14}=\{[s_{2.5},s_{3.9}],[0.256,0.416],[0.41,0.564]\}$$

$$O_{15}=\{[s_{1.9},s_{3.2}],[0.324,0.48],[0.339,0.478]\}$$

$$O_{16}=\{[s_{2.1},s_{3.3}],[0.41,0.498],[0.306,0.463]\}$$

$$O_{17}=\{[s_{2.6},s_{4.2}],[0.323,0.429],[0.406,0.534]\}$$

$$O_{18}=\{[s_{2.5},s_{3.6}],[0.272,0.434],[0.353,0.554]\}$$

步骤4:计算得到各个候选组织企业的区间值直觉不确定综合评价的期望值:

$E(O_1)=s_{1.291}$, $E(O_2)=s_{1.316}$, $E(O_3)=s_{1.857}$, $E(O_4)=s_{1.611}$, $E(O_5)=s_{1.525}$, $E(O_6)=s_{1.536}$, $E(O_7)=s_{1.566}$, $E(O_8)=s_{1.464}$, $E(O_9)=s_{1.336}$, $E(O_{10})=s_{1.168}$, $E(O_{11})=s_{1.587}$, $E(O_{12})=s_{1.468}$, $E(O_{13})=s_{1.858}$, $E(O_{14})=s_{1.348}$, $E(O_{15})=s_{1.262}$, $E(O_{16})=s_{1.452}$, $E(O_{17})=s_{1.518}$, $E(O_{18})=s_{1.369}$。

步骤5:对18个候选组织的区间值直觉不确定综合评价的期望值排序:按照研发团队需要5个成员的要求,选择区间值直觉不确定综合评价的期望值排序在前五位组织,即O_{10},O_{15},O_1,O_2,O_9。

六、对基于知识超网络的产业集群研发团队的治理对策

随着互联网技术、现代通讯技术、信息化技术的飞速发展,ADTC、KIC、TAMA、ITRI

等新型知识集成机构,运用基于WEB2.0模式的知识共享技术(例如blog、wiki、digg等)获取系统内外知识与信息,形成了具有知识与信息集成性质的网络平台。李增辉等(2012)关于技术创新平台模式的研究,马永红等(2015)对知识扩散的研究,都提出知识集成共享平台是产业集群知识管理的基础支撑,是集群内的多组织跨越时间、空间的限制实现网络化协同的硬件基础。积极构建和完善产业集群知识管理的信息化网络服务平台,以及用该种非正式机制解决知识资源的稀缺性、提升知识信息的透明性,是产业集群研发团队组建问题治理的基础。在知识超网络的平台上,构建管理信息化、组织网络化、服务专业化的产业集群知识管理机构,引导产业集群做好研发团队组建工作,是产业集群研发团队组建问题治理的重要抓手。同时,研发团队的合作是一个由合作成员、政府等多主体参与,具有非线性、高阶次、多重反馈及耗散结构等特征的复杂动态过程,很多因素影响着研发合作的效果:知识主体的契约、协议、会员制章程等具有的公信力影响,长期发展中形成的产业集群组织文化、行为规范、群体意识等具有的文化影响,都将对项目合作和协同创新产生重要影响。因此,也要积极探索如何建设具有关爱性质的产业集群知识交流氛围,如何在有限理性和信息不对称的前提下帮助企业有的放矢改善知识结构;也要深入认识行业知识发展的前沿性方向,寻找进一步发现提高组织知识合作管理的切入点等;尤其要完善和提升产业集群中行业协会的主体作用,发挥其在知识中介、促进创新、推动产业集群知识发展方向的作用;另外,政府也要做好产业集群组织的专利等创新成果保护工作等。

参考文献:

[1] Atanassov,K.T.Operators interval-valued intuitionistic fuzzy sets.Fuzzy Set and Systems,1994,64(2):159-174.

[2] Kan, S.,Guo, F.,Li,S. An approach to evaluating the knowledge manangement performance with interval-valued intuitionistic uncertain linguistic information.Journal of Intelligent & Fuzzy Systems, 2016,30(3):1557-1565.

[3] Liu,P.D. Some geometric aggregation operators based interval-valued intuitionistic uncertain linguistic variables and their application to group decision making.Applied Mathematical Modelling, 2013,37(4):2430-2444.

[4] Teo,H.H.,Wang,X.W.,Wei,K.K.,etal.Organizational learning capacity and attitude toward complex technological innovations:an empirical study.Journal of the American Society for Information Science and Technology,2006,57(2):264-279.

[5] Turksen, I.B.,Zhong, Z. An approximate analogical reasoning schema based on similarity measures and interval-valued fuzzy sets.Fuzzy Sets and Systems,1990,34(3):323-346.

[6] 冯博,樊治平.基于协同效应的知识创新团队伙伴选择方法[J].管理学报,2012(2):258-261.

[7] 郭伏,阚双,李森.产业集群发展面临的问题及管理创新服务对策研究[J].东北大学学报,2014(9):462-467.

[8] 菅利荣等.基于产学研知识集成的ITRI网络型模式研究[J].科学学研究,2014(11):1689-1697.

[9] 姜照华,隆连堂,张米尔.产业集群条件下知识供应链与知识网络的动力学模型探讨[J].科学学与科学技术管理,2004(7):55-60.

[10] 乐承毅,徐福缘,顾新建等.复杂产品系统中跨组织知识超网络模型研究[J].科研管理,2013(2):128-135.

[11] 李增辉,汪秀婷,牟仁艳.面向我国重点产业的技术创新服务平台构建研究[J].科学学与科学技术管理,2012(3):

33-37.

[12] 李志刚等.基于网络结构的产业集群知识创新和扩散绩效[J].系统工程,2007(5):2-8.

[13] 刘培德,金芳.区间直觉不确定语言集成算子及在群决策重的应用研究[J].管理工程学报,2014(1):124-130.

[14] 刘向,马费成,陈潇俊等.知识网络的结构于演化[J].情报科学,2011(6):801-809.

[15] 马费城,郝金星.概念地图及其结构分析在知识评价中的应用:实证研究[J].中国图书馆学报,2006 (5):9-16.

[16] 马永红,王展昭,周文.基于扩散源视角的技术创新扩散系统基膜构建及政策解析研究[J].科学学与科学技术管理,2015(4):75-84.

[17] 孙国强.关系、互动与协同:为了阻止的治理逻辑[J].中国工业经济,2003(11):14-20.

[18] 孙薇,马钦海,于洋.基于知识超网络的科技创新团队的组建方法[J].科学学与科学技术管理,2013(8):166-171.

[19] 魏江,张帆,朱海燕.基于知识网络的产业集群技术能力构建[J].东北大学经济年会论文集,2006.

[20] 席运江,党延忠.基于加权知识网络的个人及群体知识结构分析方法[J].管理工程学报,2008(3):1-4.

[21] 席运江,党延忠.基于知识网络的专家领域知识发现暨表示方法研究[J].系统工程,2005(8):110-115.

[22] 徐泽水.区间直觉模糊信息的集成方法及其在决策中的应用[J].控制与决策,2007(2):215-219.

[23] 于洋等.基于超网络的知识传播趋势分析[J].情报学报,2010(4):356-361.

R&D Team-members Selecting Based on the O-K Industrial Cluster Knowledge Super-network

Kan Shuang Guo Fu Li Jiaxiang Qi Haotian Jin Xiaomin

(School of Business Administration, Northeastern University, Shenyang110169)

Abstract: For the scientific administering of industrial clusters' R&D team, first, this paper suggests that depending knowledge integration mechanism——the O-K industrial cluster the knowledge super-network, we can establish the industrial clusters' knowledge management plat . to improve the description of organization knowledge in scientific and transparent aspects. Second, this article establishes the evaluation system of industrial cluster organization's knowledge competence which is based on three dimensions: knowledge acquiring ability, knowledge exchange capacity and item matching ability. Using the interval-valued intuitionistic fuzzy set, selects R&D team members who have the best knowledge competence. For last, this article suggests the way to deal with violations.

Keywords: knowledge management; personnel selection; interval-valued intuitionistic uncertain linguistic variables

第9卷第2辑 2017年12月
Vol.9 No.2 Dec. 2017
公司治理评论
Review of Corporate Governance

境外机构投资者持股与城商行贷款行为研究①

张耀伟 刘思琪 曾 玲

（南开大学商学院，天津300071）

摘要：以2007—2013年度22家城市商业银行为研究对象，系统分析了境外机构投资者持股与城商行贷款行为的关系，并进一步考察了城商行股权集中度和境外机构投资者持股制衡度对二者关系的调节效应。实证研究发现：1.境外机构投资者持股比例与城商行贷款比重、贷款集中度和贷款风险负相关；2.境外机构投资者持股制衡度会强化持股比例与城商行贷款集中度和贷款风险的负相关关系，而城商行股权集中度会弱化这种负相关关系；3.境外机构投资者对城商行贷款风险的降低主要通过提高拨备覆盖率、降低单一最大客户贷款集中度和减少贷款资产比率这三个途径实现。

关键词：**机构投资者；城市商业银行；贷款行为**

一、引 言

经过多年的发展和重组合并，目前我国仍有133家城商行，是我国数量较多、地域分布广泛的商业银行类别，日渐成为我国银行体系尤其是地方金融体系的重要组成部分。但由于历史原因，城商行普遍面临巨额不良资产和资本短缺等约束。为解决这些问题，1999年以来，我国城商行纷纷引入境外机构投资者。据统计，截止2015年底，累计已有22家城商银行引进了境外机构投资者。经过多年的发展，境外机构投资者的引进是否发挥了预期的作用？特别是境外机构投资者的引入究竟会对城商行的贷款行为进而风险承担产生何种影响？目前尚缺乏对上述问题的系统考察。

---

① **基金项目**：国家自然科学基金资助项目（71572081）；国家自然科学基金重点项目（71132001）；中央高校基本科研业务费专项资金项目（NKZXB1239）。

作者简介：张耀伟，南开大学商学院副教授，硕士研究生导师；刘思琪，南开大学商学院硕士研究生；曾玲，南开大学商学院硕士研究生。

基于此，本文以我国引入境外机构投资者的城商行为样本，系统检验境外机构投资者持股对城市商业银行贷款结构、贷款集中度、贷款风险等贷款行为的影响，并进一步考察城商行股权集中度和境外机构投资者持股制衡度的调节效应，检验了境外机构投资者持股影响银行风险的内在机理，从而深化境外机构投资者持股效应的认识，为城商行改革发展提供理论支撑。

二、理论分析与研究假设

境外机构投资者的引入使我国商业银行所有权的结构有所改变，同时也会改变董事会的构成，进而影响到商业银行的贷款行为。相关文献表明，境外机构投资者的引入与商业银行贷款行为之间存在某种联系。本文主要从境外机构投资者的持股比例和持股时间长短两个方面来分析境外机构投资者对于我国城市商业银行贷款风险、贷款总量、期限结构及贷款风险行业分布的影响。

（一）境外机构投资者与银行贷款行为

按照银监会当局的机构规划，我国城市商业银行引进境外机构投资者的初衷就是为了用股权交换管理、换机制、换技术，最终实现银行内部治理机制的完善、管理模式的科学化以及风险管理水平的显著提高等目的，帮助我国银行设计并改进本土化的信用风险计量指标和模型，将风险分析量化，更大地推动我国银行信用风险管理水平的提高。海燕和王玥(2009)通过实证研究发现，外资的引入对我国银行信用风险水平的降低具有积极的作用。境外机构投资者在对我国城商行进行投资的时候，它自身会考虑其所占据的未来收益与代理成本的高低，通常在投资银行确定的情况下，代理成本是一定的常量，而它的收益则主要来源于银行高质量的经营，此时根据“利益协调假说”，所持股权比例越大的利益相关者具备的监督管理动机更强烈。根据资产专用性理论可知，境外机构投资者持股比例与其进行专用型投资的动力显著正相关。吴玉立(2009)通过研究发现，随着境外机构投资者引入程度的深化，其持股比例不断提高，我国银行的资本充足率明显提高，贷款坏账准备率明显下降。银行贷款风险的高低，本质上主要是由贷款总量、贷款集中度等因素来决定的，钱先航等(2011)研究发现银行贷款集中度、拨备覆盖率、贷款行业分布等贷款行为最终会导致不良贷款的累积，即影响银行的贷款风险。纵观我国城商行发展历程，地方政府一直都具有对当地城商行的实际控制权，根据国有股东的“政治观”，通常为了实现经济增长，会进行信贷规模的扩张，引导信贷投向容易拉动经济增长的房地产行业、制造业等中长期固定资产投资。此外,关于贷款的发放上,更多的是关注大规模的集中性贷款和关联贷款,而较少关注银行贷款的信用风险防范。境外机构投资者投资入股,通过参与银行治理,制定相关贷款决策,最终实现银行贷款风险管理的目标,因此境外机构投资者引入能带来我国城商行贷款总量、贷款集中度、贷款风险的改变。据此,本文提出假设1。

假设1a:境外机构投资者持股比例与我国城商行贷款风险负相关。

假设1b:境外机构投资者持股比例与我国城商行贷款集中度负相关。

假设1c:境外机构投资者持股比例与我国城商行贷款总量负相关。

(二)境外机构投资者、股权结构特征与银行贷款行为

1.股权集中度、境外机构投资者与银行贷款行为

境外机构投资者通过获取股权的方式进入我国城市商业银行,促进了我国城商行股权结构多元化。股权集中度与控股股东性质作为影响公司治理有效性的重要因素之一,不同的治理环境中,银行贷款行为对境外机构投资者反应不同。学术界关于股权集中度的研究形成了两个假说,即"利益协调假说""掏空假说"。Iannotta et al.(2007)认为,银行的股权集中度与银行贷款质量之间显著正相关,支持了"利益协调假说"这一观点,而谭兴民等(2010)认为,我国银行控股股东的控制能力、持股比例和股权集中度是我国银行绩效提高的一种阻碍验证了"掏空假说"。由于中国特殊的银行业制度背景,Jiang et al.(2010)发现,在我国关于中小股东利益保护的相关法规与措施非常有限,同时银监会对商业银行股东的门槛要求较高,对商业银行的并购制定了严格的限制规则,以致于大股东面临的控制权转移威胁实际上很小,因此我国商业银行的外部治理机制,如市场的监督等,这一些都很匮乏。此外,祝继高等(2012),Jiang(2010)通过研究表明,我国关于投资者利益保护的法律法规尚不完善,再加上执法效率的低下,极大地降低大股东"掏空"行为的隐性成本。根据上述理论分析,本文认为我国城市商业银行股权集中度的影响更倾向于支持"掏空假说",据此我们提出假设2。

假设2a:股权集中度将弱化境外机构投资者对城商行贷款风险的影响。

假设2b:股权集中度将弱化境外机构投资者对城商行贷款集中度的影响。

假设2c:股权集中度将弱化境外机构投资者对城商行贷款总量的影响。

2.股权制衡度、境外机构投资者与银行贷款行为

与大型国有银行、股份制商业银行不同,我国城商行由于其特殊的地域性,地方政府拥有对当地城商行的绝对控制权,形成"一股独大"现象。金融改革浪潮的兴起,境外机

构投资者的引入，在一定程度上制衡了地方政府的控制权。陈晓和王琨(2005)表明，大股东之间制衡的存在会有降低关联交易的发生规模与概率，而且这种作用会随着股东间制衡度的增加而增加。刘运国等(2007)发现相比于股权集中类公司而言，股权制衡类公司的业绩要更好，只是差异并不是显著。刘星等(2007)认为，股权制衡有利于公司治理水平的提高，且公司价值与非控股股东对控股股东的制衡力正相关。赵景文等(2008)研究发现，多数上市公司后九大股东的持股比例在一定程度上制衡了第一大股东的私利行为，进而有助于公司价值的提高。刘星和安灵(2010)从投资绩效的视角切入，研究发现股权制衡度对非政府控股的上市公司的投资绩效提高具有促进作用。我国城市商业银行自发展以来，地方政府对城商行一直具有实际控制权，境外机构投资者的引入，随着其持股比例的增加，以及所占董事会席位的增加，话语权的增强，对国有股的制衡度慢慢增强，以至于银行在经营决策上能有效削弱地方政府股东的“掏空行为”，同时对于国有股的“政治行为”具有一定的弱化作用。相比我国城市商业银行而言，境外机构投资者具有先进的风险管理技术以及较强的风险管理意识，无论对于不良贷款率还是资本充足率等都有严格的控制标准，这些也正是我国银监会鼓励城商行引入境外机构投资者的主要原因之一，也是我国城商行引入境外机构投资者的主要目的之一。因此，境外机构投资者对国有股的制衡度越大，将越利于境外机构投资者对城商行行为的影响。鉴于以上分析，本文提出假设3。

假设3a：境外机构投资者持股对国有股的制衡度将强化境外机构投资者对城商行贷款风险的影响。

假设3b：境外机构投资者持股对国有股的制衡度将强化境外机构投资者对城商行贷款集中度的影响。

假设3c：境外机构投资者持股对国有股的制衡度将强化境外机构投资者对城商行贷款总量的影响。

三、实证研究设计

（一）样本选择与数据来源

本文选取了2007—2013年度22家引入境外机构投资者的城市商业银行作为样本，获取各城商行财务年报及相关公开报道，手工收集了所需指标。鉴于数据的可得性，我们获得的是一个非平衡的面板数据。城市商业银行的主要财务数据来源于CCER及公司的年报，境外机构投资者数据主要来源于公司网站信息和公开报道等。

（二）变量的设计

1.被解释变量

银行的贷款行为，主要是指银行根据国家政策以一定的利率将资金贷放给资金需要者，并约定期限归还的一种经济行为。本文根据数据的可获取性，并参考钱先航等（2011）对城商行贷款行为度量方法，分别从贷款风险、贷款集中度、贷款总量三个方面度量城商行的贷款行为Dep，其中贷款风险包含不良贷款率（Npl，不良贷款/贷款总额）和贷款拨备覆盖率（Bobei，贷款损失准备/不良贷款余额）；贷款总量包括存贷比（Loand，贷款总额/存款总额）和贷款资产比（Loa，贷款总额/资产总额）；贷款集中度包括单一最大客户贷款集中度（Dyi，最大客户贷款额/资本净额）和最大十家客户贷款集中度（Sjia，最大十家客户贷款额/资本净额）。

2.解释变量

本文以境外机构投资者的持股比例（Ratio）作为解释变量，即境外机构投资者所持城商行股份比例。

3.控制变量

为了更好地分析研究境外机构投资者引入对我国城市商业银行贷款行为的影响，在参考相关国内外研究的基础上，对于控制变量X，本文选取了公司规模（Size）、资本充足率（Car）、资产收益率（Roa）、流动性比例（Liq）、跨区域经营（Area）、控股股东，性质（SX）、市场化指数（Mar）作为控制变量。

4.调节变量

为了进一步分析在不同银行治理环境下，境外机构投资者的引入对我国城市商业银行贷款行为的影响差异，在参考朱博文和程子奇（2013）关于不同银行董事会结构下银行贷款对货币政策传导反应的异质性、祝继高等（2012）关于不同银行股权结构下银行绩效与信贷行为的关系研究以及陈德萍等（2011）关于股权制衡度、股权集中度与公司绩效的关系研究，对于调节变量M，本文选取银行股权集中度（SJ）、境外机构投资者股权制衡度（SZ）作为调节变量。

股权集中度（SJ），用前三大股东的持股比例来表示。

股权制衡度（SZ），对国有股的制衡度，用境外机构投资者持股比例与国有股持股比例之比来表示。

表1 变量的定义和描述

变量类型	变量名称		变量符号	计算方法
被解释变量	贷款风险	不良贷款率	Npl	不良贷款额/贷款总额
		拨备覆盖率	Bobei	拨备金额/贷款总额
	贷款总量	贷款资产比	Loa	贷款/总资产
		存贷比	Loand	贷款总额/存款总额
	贷款集中度	单一最大客户贷款集中度	Dyi	最大客户贷款金额/资本净额
		最大十家客户贷款集中度	Sjia	最大十家客户贷款金额/资本净额
解释变量	境外机构投资者持股比例		Ratio	境外机构投资者持股比例
调节变量	股权制衡度		SZ	境外机构投资者持股比例/国有股比例
	股权集中度		SJ	最大股东持股比例数
控制变量	控股股东性质		SX	地方政府控股取1,否则则取0
	公司规模		Size	资产自然对数
	资产收益率		Roa	净利润/资产总额
	资本充足率		Car	资本总额/加权风险资产总额
	跨区域经营		Area	有跨地级市设立分行则取1,否则取0
	市场化指数		Mar	市场化进程指数(樊纲2011)
	流动性比率		Liq	流动资产额/流动负债额

资料来源:作者自行统计。

(三)实证模型

根据前文分析,境外机构投资者的引入改变了银行的所有权结构和董事会结构,为我国银行带来了先进的管理方法与理念,会在一定程度影响银行的贷款行为。而银行治理状况通过影响决策的制定与实施而影响银行的信贷行为,因此,在不同银行治理环境下,境外机构投资者对银行信贷行为产生的影响不同。

为了研究境外机构投资者对我国城商行贷款行为的影响,即检验假设1,我们建立以下模型进行实证检验:

$$Dep = \alpha_0 + \alpha_1 Ratio + \alpha_2 Control + \varepsilon \tag{3.1}$$

为了研究股权集中度是否会导致境外机构投资者对我国城商行贷款行为影响的异质性,即检验假设2,我们建立以下模型进行实证检验:

$$Dep = \alpha_0 + \alpha_1 Ratio + \alpha_2 SJ + \alpha_3 Ratio{*}SJ + \alpha_4 Control + \varepsilon \tag{3.2}$$

为了研究股权制衡度是否会导致境外机构投资者对我国城商行贷款行为影响的异

质性，即检验假设3，我们建立以下模型进行实证检验：

$$Dep = \alpha_0 + \alpha_1 Ratio + \alpha_2 SX + \alpha_3 Ratio*SX + \alpha_4 Control + \varepsilon \quad (3.3)$$

其中，Dep为贷款行为，包括贷款风险、贷款总量、贷款集中度；Control为控制变量，包括公司规模（Size）、资产收益率（Roa）、资本冲充足率（Car）、流动性比例（Liq）、跨区域经营（Area）、银行性质（SX）、市场化指数（Mar）。

四、实证结果分析

（一）相关性分析

在分析各变量的描述性统计结果后，本文对主要变量进行了Pearson相关系数检验，具体的相关性分析结果见表2。

表2 变量的Pearson相关系数检验

	Npl	Bobe	Dyi	Sjia	Loa	Gloa	Ratio	Size	Roa	Car	Liq	Mar
Npl	1											
Bobe	−0.63***	1										
Dyi	0.832***	−0.296**	1									
Sjia	0.776***	−0.272*	0.911***	1								
Loa	0.075	−0.238*	0.104	0.069	1							
Gloa	0.169	−0.088	0.306**	0.163	0.59***	1						
Ratio	−0.34***	0.130	−0.39***	−0.36***	−0.43***	−0.31**	1					
Size	−0.46***	0.326***	−0.34***	−0.35***	0.058	0.083	−0.149	1				
Roa	−0.35***	0.300**	−0.295**	−0.186	0.295**	0.301**	0.29**	0.266**	1			
Car	−0.005	−0.049	−0.123	−0.277**	−0.013	−0.057	−0.039	−0.24*	0.132	1		
Liq	−0.045	−0.032*	−0.210*	−0.118	−0.197	−0.49***	0.225*	−0.3***	−0.110	0.129	1	
Mar	−0.39***	−0.017	−0.49***	−0.57***	0.133	−0.013	−0.013	0.51***	0.094	0.051	0.050	1

资料来源：作者自行统计（*表示在10%、**表示在5%、***表示1%的水平上显著）。

表2给出了各变量之间的相关系数。从表中可以看出，不良贷款率与境外机构投资者持股比例在1%的水平上显著负相关，这与假设1a相符合；最大客户贷款比例及最大十家客户贷款比例与境外机构投资者持股比例在1%的水平上显著负相关，这支持了假设1b；贷款资产比与存贷比均与境外机构投资者持股比例存在显著负相关关系，这支持了假设1c；而拨备覆盖率与境外机构投资者持股比例在统计上相关性不显著，这不符合原假设，因此还需要通过进一步的回归分析来进行验证。

从表中我们还可以看到，贷款资产比和存贷比与资产收益率在5%的水平上显著正相关，即盈利能力将带来银行贷款资金的供给；境外机构投资者持股比例与流动性比例在10%的水平上正相关，与资产收益率在5%的水平上显著正相关，这表明境外机构投资者的引入能提升公司的盈利能力，增强银行的抗风险能力；不良贷款率与拨备覆盖率在1%的水平上显著负相关，与最大客户贷款比例及最大十家客户贷款比例在1%的水平上显著正相关，这表明拨备覆盖率和贷款集中度会影响不良贷款的积累；不良贷款率、单一最大客户贷款比例与资本收益率存在显著负相关的关系，这表明银行盈利能力的增强，将有助于不良贷款额的降低不良贷款率及贷款集中度；不良贷款率与贷款集中度均与市场化指数在1%水平上负相关，银行资产规模与市场化指数显著正相关，这表明市场化程度的提高，将带来银行贷款质量的提高，同时银行的规模不断扩大。

（二）回归结果分析

1. 境外机构投资者持股与银行贷款风险

下表3给出了境外机构投资者持股比例对城商行贷款风险的影响分析结果，以及股权集中度和制衡度对该影响的调节作用分析结果。

表3 境外机构投资者持股与城商行贷款风险的回归结果

变量	Npl			Bobei		
Ratio	−0.0927*** (−5.12)	−0.221*** (−3.09)	−0.0752*** (−3.37)	8.483** (2.45)	35.80** (2.01)	4.298** (2.22)
SJ		0.103*** (−2.76)			−8.85* (−1.96)	
Ratio*SJ		0.0044** (2.29)			−2.549** (−2.36)	
SZ			0.0962 (0.37)			−2.303 (−0.05)
Ratio*SZ			−0.0754** (−2.82)			1.936* (2.01)
Size	−0.297** (−2.55)	−0.252** (−2.06)	−0.432** (−3.39)	61.15*** (2.75)	87.24*** (3.59)	89.13*** (3.70)
Roa	−0.900*** (−3.52)	−0.862*** (−3.53)	−0.708** (−2.68)	99.72** (2.04)	126.5* (2.64)	60.92 (1.22)
Car	−0.0130 (−0.60)	−0.00509 (−0.24)	−0.0192 (−0.90)	1.787 (0.43)	4.689 (1.16)	3.203 (0.79)
Liq	−0.00669 (−0.94)	−0.00252 (−0.33)	−0.00702 (−1.00)	1.018 (0.75)	−0.424 (−0.30)	1.038 (0.78)
Mar	−0.0922* (−1.77)	−0.147** (−2.60)	−0.0883* (−1.73)	17.96* (1.80)	17.98* (1.69)	18.47* (1.91)

续表

变量	Npl			Bobei		
Area	−0.377* (−1.69)	−0.285 (−1.30)	−0.547* (−2.42)	24.07 (0.56)	29.28 (0.72)	57.65 (1.34)
SX	0.399** (2.32)	0.197 (1.08)	0.356* (1.79)	−57.47* (−1.74)	−42.83 (−1.29)	−51.17 (−1.35)
cons	13.27*** (4.55)	15.27*** (5.15)	16.10*** (5.18)	−1529.5*** (−2.74)	−1598.8*** (−3.02)	−2136.0*** (−3.63)
N	64	64	64	64	64	64
Adj.R2	0.546	0.592	0.577	0.223	0.304	0.290
F test	10.47	10.14	8.82	3.26	3.75	3.34

资料来源：作者自行统计(*表示在10%、**表示在5%、***表示1%的水平上显著)。

从检验结果看，不良贷款率与境外机构投资者持股比例在1%的水平上显著负相关，拨备覆盖率与境外机构投资者持股比例在5%的水平上显著正相关，这表明境外机构投资者的持股的确对我国城商行贷款风险水平的降低产生了积极的影响，这与本文提出的假设1a一致。境外机构投资者持股比例和股权集中度的交互项对不良贷款率、拨备覆盖率的影响分别都通过了5%显著性水平的检验，即不良贷款率与境外机构投资者和股权集中度的交互项在5%的水平上显著正相关，拨备覆盖率与境外机构投资者和股权集中度的交互项在5%的水平上显著负相关，这表明股权集中度会弱化境外机构投资者对不良贷款率和拨备覆盖率的影响，即境外机构投资者持股比例一定时，股权集中度越高，城商行的不良贷款率将高、拨备覆盖率将越低。原因可能在于我国城商行多数都是地方政府控股，且从前述变量的描述性统计可以看出，城商行股权集中度(最大股东持股比例)平均值达到了18.81%，股权集中度越高，则表明更多的股权比例将属于地方政府所有，这形成了政府股东"一股独大"的现状，由于中国银行业外部治理缺乏的特殊制度背景，较高的股权集中度将带来政治股东"政治"行为，使得城商行内部治理更低效，这与本文提出的假设2a相符合。境外机构投资者的持股比例与股权制衡度的交互项对不良贷款率的影响通过了5%的显著性水平检验、对拨备覆盖率的影响通过了10%显著性水平的检验，且系数、符号皆与主变量系数符号一致，这表明境外机构投资者持股比例对国有股的制衡度将强化境外机构投资者对我国城商行贷款风险的影响，即境外机构投资者持股比例一定时，股权制衡度越高，城商行的不良贷款率越低、拨备覆盖率越高。这可能与境外机构投资者的入股，将带来城商行内部治理的完善，风险管理水平的提高，最终降低了银行贷款风险，这支持了本文提出的假设3a。

其他变量中，规模越大的城商行不良贷款率越低、拨备覆盖率越高，而资产收益率越高即盈利能力越强的城商行会有较低的不良贷款率，且有较高的拨备覆盖率；地方政府控股会带来不良贷款率的显著升高和拨备覆盖率的降低;区域经营的城商行会降低不良贷款率。且市场化程度高的地区城商行的不良贷款率较低、拨备覆盖率较高。

2.境外机构投资者持股与城商行贷款集中度

表4给出了境外机构投资者持股比例对城商行贷款集中度的影响分析结果,以及股权集中度和制衡度对该影响的调节作用分析结果。从检验结果看,单一最大客户贷款集中度和最大十家客户贷款集中度分别与境外机构投资者持股比例在1%的水平上显著负相关,这表明境外机构投资者的引入对我国城商行贷款集中度的降低产生了积极的影响,这与本文提出的假设1b相符合。境外机构投资者持股比例和股权集中度的交互项与单一最大客户贷款集中度、最大十家客户贷款集中度在1%的显著性水平上正相关,这表明股权集中度会弱化境外机构投资者对城商行贷款集中度的影响,即境外机构投资者持股比例一定时,股权集中度越高,城商行的贷款集中度就越高,这与本文提出的假设2b一致。境外机构投资者的持股比例和股权制衡度的交叉项贷款集中度在10%的显著性水平上负相关,这表明外资股对国有股的制衡度将强化境外机构投资者对我国城商行贷款集中度的影响,即境外机构投资者持股比例一定时,外资股对国有股的制衡度越高,我国城商行贷款集中度越低,支持了假设3b。这可能与境外机构投资者对大规模贷款的审批更为谨慎有关,以及中小企业贷款逐步受到银行的重视。

表4 境外机构投资者持股与城商行贷款集中度的回归结果

变量	Dyi			Sjia		
Ratio	−1.413*** (−5.26)	−5.470*** (−6.08)	−1.211*** (−3.62)	−3.614*** (−4.07)	−16.97*** (−5.38)	−2.556*** (−2.34)
SJ		−2.659*** (−5.69)			−7.729*** (−4.71)	
Ratio*SJ		0.127*** (5.25)			0.399*** (4.68)	
SZ			−4.655 (−1.17)			−17.99 (−1.38)
Ratio*SZ			−0.138* (−2.98)			−0.739* (−2.01)
Size	−1.754 (−1.02)	0.249 (0.16)	−1.739 (−1.00)	−7.723 (−1.35)	−0.0953 (−0.02)	−7.380 (−1.30)
Roa	−13.65*** (−3.60)	−13.19*** (−4.30)	−13.47** (−3.35)	−21.39* (−1.71)	−21.18* (−1.97)	−18.33 (−1.40)
Car	−0.427 (−1.33)	−0.157 (−0.59)	−0.482 (−1.46)	−3.609*** (−3.40)	−2.681*** (−2.87)	−3.935*** (−3.65)
Liq	−0.252** (−2.39)	−0.215** (−2.21)	−0.246* (−2.28)	−0.369 (−1.06)	−0.412 (−1.21)	−0.377 (−1.07)

续表

变量	Dyi			Sjia		
Mar	−2.803*** (−3.63)	−3.776*** (−5.32)	−2.917*** (−3.72)	−10.19*** (−3.99)	−12.04*** (−4.83)	−10.82*** (−4.22)
Area	−11.00*** (−3.33)	−9.700*** (−3.51)	−10.55** (−3.15)	−24.67** (−2.25)	−23.19** (−2.39)	−22.83** (−2.09)
SX	−5.626** (−2.20)	−1.575 (−0.68)	−5.776 (−1.90)	−4.315 (−0.51)	−4.952 (−0.61)	−1.990 (−0.20)
cons	149.8*** (3.47)	182.9*** (4.91)	154.3*** (3.53)	519.9*** (3.64)	576.8*** (4.42)	532.3*** (3.73)
N	64	64	64	64	64	64
Adj.R2	0.642	0.769	0.638	0.598	0.708	0.604
F test	15.11	21.99	12.12	12.69	16.29	10.60

资料来源：作者自行统计（*表示在10%、**表示在5%、***表示1%的水平上显著）。

特征变量中，跨区域经营能有效降低贷款集中度，这可能与减少或者阻隔地方政府干预；流动性比例较高的银行其单一最大客户贷款集中度较低；充足率低的银行其最大十家客户贷款集中度更高；资产收益率高即盈利能力好的银行具备较低的贷款集中度；地方政府控股的城商行，其单一最大客户贷款集中度和最大十家客户贷款集中度都较高，这可能因为地方政府为了当地经济的发展，贷款的发放具有政策性。市场化水平有利于贷款集中度的降低。

3. 境外机构投资者与城商行贷款总量

表5给出了境外机构投资者持股比例对城商行贷款总量的影响分析结果，以及股权集中度和制衡度对该影响的调节作用分析结果。从检验结果看，贷款资产比与境外机构投资者持股比例在1%的水平上显著负相关，存贷比与境外机构投资者持股比例在5%的水平上显著负相关，这表明境外机构投资者的引入降低了我国城商行贷款资产比和存贷比，一方面可能是外资入股，在贷款风险监管上将更严格，对于贷款审批更加谨慎，另一方面由于引入境外机构投资者多数都只有几年的时间甚至更短，使得外资对中国内地市场环境的不熟悉以及文化的磨合等原因造成贷款总量的降低。这与本文提出的假设1c相符合。境外机构投资者持股比例和股权集中度的交互项与贷款资产比和存贷比存在一定的负相关关系，但在统计上并不显著，这表明股权集中度对境外机构投资者与贷款总量间关系的调节作用并不显著，这与本文假设不一致。股权制衡度和境外机构投资者持股比例的交互项与贷款资产比和存贷比正相关，但在统计上并未通过显著性检验，这表明股权制衡度对境外机构投资者与贷款总量的影响调节作用并不显著，这与本文假设不一致。这可能是因为各城商行的贷款总量不仅受自身贷款供给的影响，也受到来自市

场贷款需求的影响，而市场环境在很大程度上受到整个宏观国家的宏观政策及经济环境影响，而在关于贷款总量的回归分析中，控制变量还有待更多的补充完善。

表5　境外机构投资者与城商行贷款总量的回归结果

变量	Loa			Loand		
Ratio	-1.091*** (-3.60)	-2.180 (-1.41)	-1.199*** (-3.20)	-0.536** (-2.20)	-0.0697 (-0.07)	-1.199*** (-4.55)
SJ		2.250 (1.38)			-0.432 (-0.85)	
Ratio*SJ		-0.178 (-1.09)			-0.00212 (-0.08)	
SZ			6.511 (1.46)			6.724 (1.14)
Ratio*SZ			-0.0610 (-0.39)			-0.477 (-1.31)
Size	2.408** (2.44)	4.124** (2.15)	2.249** (2.55)	2.080** (2.33)	3.212* (1.92)	2.484* (1.81)
Roa	10.59** (2.47)	7.708* (1.85)	11.81** (2.63)	10.60*** (3.08)	11.59** (3.48)	7.186** (2.27)
Car	-0.400 (-1.10)	-0.660* (-1.87)	-0.395 (-1.07)	-0.328 (-1.13)	-0.400 (-1.38)	-0.0982 (-0.38)
Liq	-0.153 (-1.29)	-0.0127 (-0.10)	-0.183 (-1.52)	-0.409*** (-4.27)	-0.280** (-2.65)	-0.374*** (-4.39)
Mar	1.289 (1.48)	0.949 (1.02)	1.330 (1.51)	0.370 (0.53)	-0.576 (-0.75)	0.787 (1.27)
Area	-5.959 (-1.59)	-6.363* (-1.80)	-6.534* (-1.74)	-5.344* (-1.78)	-3.268 (-1.09)	-6.116** (-2.32)
SX	8.557*** (2.96)	6.577** (2.27)	6.506* (1.91)	7.671*** (3.31)	4.985* (1.99)	11.35*** (4.72)
cons	130.4** (2.67)	138.2*** (3.00)	120.8** (2.47)	142.2*** (3.63)	179.5*** (4.44)	142.6*** (4.13)
N	64	64	64	64	64	64
Adj.R2	0.315	0.392	0.322	0.415	0.459	0.554
F	4.61	5.06	3.98	6.6	6.35	8.81

资料来源：作者自行统计（*表示在10%、**表示在5%、***表示1%的水平上显著）。

（三）进一步研究

1. 贷款行为对不良贷款的影响

以上本文研究了境外机构投资者对我国城商行贷款总量、贷款集中度等三个方面的影响，但事实上，不论对于城商行自身还是监管部门而言，贷款风险的控制被视为风险管理的主要目标之一，不良贷款率通常作为主要的风险监管指标。纵观我国城市商业银行的发展历程，巨额不良资产一直是制约城商行发展的包袱。那么不良贷款形成的原因究竟有哪些？在本文所研究的贷款行为中，有哪几种行为会对不良贷款的形成产生影响？因此，本文将以贷款总量、贷款集中度、关联贷款等行为作为解释变量，以不良贷款率作为被解释变量，并通过实证分析来检验。

表6 各贷款行为与不良贷款率的回归结果

变量	Npl	
贷款风险	Bobei	
	-0.00276*** (-6.81)	
贷款总量	Loa	Loand
	0.0115** (2.12)	0.00937 (1.23)
贷款集中度	Dyi	Sjia
	0.0334*** (2.91)	0.00253 (0.79)

资料来源：作者自行统计(*表示在10%、**表示在5%、***表示1%的水平上显著)。

表6给出了各贷款行为变量对不良贷款率影响的分析结果，从上表中可知，我国城市商业银行的贷款风险、贷款集中度和贷款总量对不良贷款率有一定的直接影响。具体说来，拨备覆盖率与不良贷款率在1%的水平上显著负相关，即拨备覆盖率越高的城商行，其不良贷款率越低；贷款资产比与不良贷款率在5%水平上显著正相关，即表明城商行贷款规模总量的增加，会增加不良贷款的积累；单一最大客户集中度与不良贷款率在1%水平上显著正相关，这表明城商行的贷款集中度越高，其将面临更高的不良贷款率。

2.不良贷款的形成

上文通过实证分析已验证了境外机构投资者对我国城商行不良贷款率的降低的确具有积极影响。那么这种影响是通过何种途径来实现呢？因此，本文将采用温忠麟和张雷(2004)的方法，来检验各贷款行为是否具有中介作用。

表7 境外机构投资者与贷款行为的回归结果

变量	Npl	Bobei	Dyi	Sjia	Loa	Loand
Ratio	-0.0927*** (-5.12)	8.483** (2.45)	-1.413*** (-5.26)	-3.614*** (-4.07)	-1.091*** (-3.60)	-0.536** (-2.20)

资料来源：作者自行统计(*表示在10%、**表示在5%、***表示1%的水平上显著)。

由表7可知，不良贷款率与境外机构投资者持股比例在1%的显著性水平上负相关，拨备覆盖率、单一最大客户集中度和贷款资产比对境外机构投资者持股比例的影响分别都通过了显著性检验，再由表6可知，拨备覆盖率、单一最大客户贷款集中度和贷款资产比对不良贷款率的影响分别通过了1%和5%的显著性水平检验，因此，经过检验本文发现贷款总量中的贷款资产比、贷款风险中的拨备覆盖率及贷款集中度中的单一最大客户贷款集中度是境外机构投资者和不良贷款率的中介变量，即境外机构投资者通过贷款总量、集中度及风险三个方面来影响我国城市商业银行的不良贷款。境外机构投资者持股比例高的城商行会通过降低贷款资产比和单一最大客户贷款集中度、提高拨备覆盖率，最终降低不良贷款，具体作用路径如下图所示：

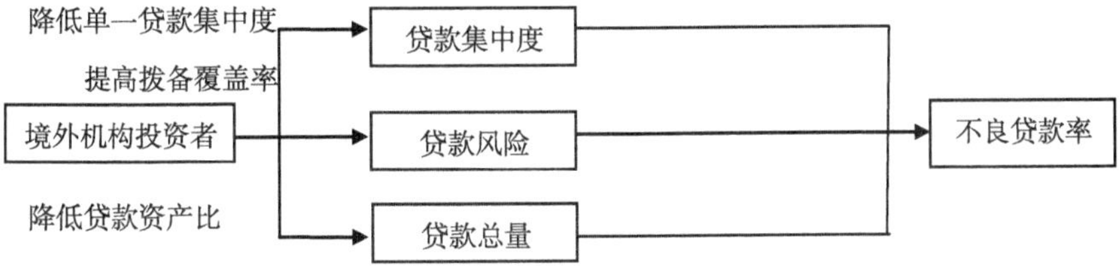

图1　境外机构投资者降低不良贷款的途径

（四）稳健性检验

为了进一步研究境外机构投资者引入对我国城商行贷款行为的影响的稳健性，本文从以下两个方面对结论进行稳健性检验。

1.稳健性测试一：入股时间

引入境外机构投资者时间长短不同，境外机构投资者对我国城商行贷款行为的影响可能存在差异。吴玉立（2009）通过研究发现，由于境外机构投资者与我国商业银行在文化、经营理念及组织管理方面等存在明显的差异，以至于中资银行与境外机构投资者的联盟在合作的初期必定会出现“磨合反应”，且磨合期的平均值为2~3年。本文引入境外机构投资者时间是否会影响境外机构投资者持股比例与城商行贷款行为的关系，设立Ratio与虚拟变量Time的交叉项RT，对假设1、假设2、假设3进行检验。

表8　稳健性检验一

变量	Npl	Bobei	Dyi	Sjia	Loa	Gloa
Ratio	−0.0576** (−1.81)	5.628* (1.95)	−1.271*** (−2.68)	−4.303*** (−2.84)	−1.159** (−2.18)	−0.143* (−2.32)
Time	0.0912 (0.88)	−7.095 (−0.37)	−0.611 (−0.39)	−3.518 (−0.71)	−2.300 (−1.32)	1.236 (0.83)
RT	−0.00245 (−0.38)	−0.345 (−0.29)	0.00764 (0.08)	0.195 (0.63)	0.0576 (0.54)	−0.0886 (−0.97)

续表

变量	Npl	Bobei	Dyi	Sjia	Loa	Gloa
Size	−0.402*** (−2.93)	86.16*** (3.39)	−1.121 (−0.55)	−7.422 (−1.14)	−0.378 (−0.17)	−1.955 (−1.00)
Roa	−0.892*** (−3.27)	102.4** (2.02)	−14.90*** (−3.65)	−24.43* (−1.88)	7.723* (1.69)	10.34** (2.66)
Car	−0.0145 (−0.61)	1.256 (0.29)	−0.382 (−1.08)	−3.353*** (−2.98)	−0.270 (−0.68)	−0.390 (−1.16)
Liq	−0.00859 (−1.14)	1.480 (1.06)	−0.302** (−2.68)	−0.469 (−1.31)	−0.248* (−1.97)	−0.440*** (−4.11)
Mar	−0.0566 (−1.06)	−24.74** (−2.49)	−2.522*** (−3.15)	−9.819*** (−3.85)	1.623* (1.82)	0.772 (1.01)
	Npl	Bobei	Dyi	Sjia	Loa	Gloa
Area	−0.427* (−1.77)	42.99 (0.96)	−9.647** (−2.67)	−24.23** (−2.10)	−2.910 (−0.72)	−4.032 (−1.17)
cons	14.63*** (4.31)	−1983.7** (−3.15)	129.2** (2.55)	523.1*** (3.23)	81.15 (1.43)	121.3** (2.51)
N	64	64	64	64	64	64
Adj.R2	0.514	0.261	0.609	0.592	3.59	0.30
F	8.4	3.52	11.91	11.16	0.27	3.98

资料来源:作者自行统计(*、**、***分别表示在10%、5%和1%的水平上显著)。

表8给出境外机构投资者引入时间对其持股比例与城商行贷款行为关系影响的分析结果,从上表中可知,我国城商行单一最大客户贷款集中度、最大十家客户贷款集中度与境外机构投资者持股比例在1%的显著性水平上负相关;不良贷款率、贷款资产比与境外机构投资者持股比例在5%的显著性水平上负相关;拨备覆盖率与境外机构投资者持股比例在10%的水平上显著正相关;存贷比与境外机构投资者持股比例在10%的水平上显著负相关。然而境外机构投资者持股比例和持股时间的交互项对城商行贷款行为各变量的影响并未通过显著性检验,这表明境外机构投资者引入时间的长短并不会显著影响境外机构投资者持股比例与城商行贷款行为的关系。

2.稳健性测试二:上市与否

上市城商行与未上市城商行存在实质不同,因此境外机构投资者对我国城商行贷款行为的影响可能也会不同。本文以城商行是否上市为标准将全部样本分为两组,分别研究在上市和未上市时境外机构投资者对我国城商行贷款行为的影响。

表9 稳健性检验二(上市城商行)

变量	Npl	Bobei	Dyi	Sjia	Loa	Loand
Ratio	−0.105*** (−3.03)	31.59*** (3.12)	−0.210** (−2.29)	−2.352** (−2.87)	−1.022*** (−3.09)	−1.002** (−2.58)
Size	−0.385*** (−3.09)	114.5*** (3.15)	−0.00163 (−0.00)	−8.438** (−2.88)	1.482 (1.25)	0.995 (0.71)
Roe	−0.0575 (−1.57)	35.19*** (3.28)	−0.326* (−1.75)	−2.510** (−2.90)	−0.456 (−1.30)	0.618 (1.50)
Car	0.0142 (0.58)	13.76* (1.93)	−0.286** (−2.31)	−2.486*** (−4.31)	−0.574** (−2.46)	0.0385 (0.14)
Liq	−0.0116 (−1.29)	1.722 (0.65)	−0.0743 (−1.63)	−0.398* (−1.87)	0.242** (2.82)	0.0385 (0.38)
Mar	0.282** (2.50)	−94.66** (−2.87)	−0.918 (−1.60)	−3.575 (−1.34)	−5.731*** (−5.32)	−2.964** (−2.34)
Area	0.00261 (0.01)	13.39 (0.20)	−3.141** (−2.67)	−16.19*** (−2.95)	1.191 (0.54)	5.841** (2.25)
cons	7.538** (2.70)	−2119.3** (−2.60)	27.13* (1.92)	366.2*** (5.56)	85.59*** (3.22)	67.00** (2.14)
Adj.R2	0.448	0.535	0.641	0.84	0.690	0.391
F	3.67	4.78	6.86	18.24	8.32	3.11

资料来源：作者自行统计(*、**、***分别表示在10%、5%和1%的水平上显著)。

从表9可以看出，上市城商行不良贷款率、贷款资产比与境外机构投资者持股比例在1%的水平上显著负相关，贷款集中度和存贷比与境外机构投资者持股比例在5%的水平上显著负相关，拨备覆盖率与外资持股比例的关系也通过了1%的显著性水平检验。

表10 稳健性检验二(非上市城商行)

变量	Npl	Bobei	Dyi	Sjia	Loa	Loand
Ratio	−0.128*** (−6.97)	6.692* (2.40)	−1.975*** (−3.90)	−5.245*** (−3.34)	−0.463* (−2.9)	−0.753* (−1.85)
Size	−1.029*** (−9.23)	114.2*** (3.94)	−10.99*** (−3.58)	−28.90*** (−3.03)	−1.451 (−0.48)	−2.901 (−0.95)
Roe	0.0254** (2.31)	−1.918 (−0.67)	0.00417 (0.01)	0.365 (0.39)	0.259 (0.87)	0.619** (2.05)
Car	−0.0650** (−2.57)	10.68 (1.63)	−0.856 (−1.23)	−6.269*** (−2.91)	−0.533 (−0.78)	−0.0332 (−0.05)
Liq	−0.0114** (−2.28)	2.477* (1.90)	−0.345** (−2.50)	−0.420 (−0.98)	−0.443** (−3.25)	−0.565*** (−4.11)
Mar	0.240*** (4.55)	−36.47** (−2.66)	1.149 (0.79)	−1.413 (−0.31)	0.780 (0.54)	1.618 (1.12)

续表

变量	Npl	Bobei	Dyi	Sjia	Loa	Loand
Area	−0.411** (−2.28)	32.82 (0.70)	−11.27** (−2.28)	−25.73 (−1.67)	−5.254 (−1.07)	−5.813 (−1.18)
cons	29.25*** (11.14)	−2739.3*** (−4.01)	355.4*** (4.92)	1024.8*** (4.57)	105.5* (1.48)	138.8* (1.93)
Adj.R2	0.867	0.346	0.69	0.679	0.258	0.344
F	37.28	3.95	13.74	12.77	3.05	3.92

资料来源：作者自行统计（*、**、***分别表示在10%、5%和1%的水平上显著）。

从表10可以看出，未上市城商行的不良贷款率和贷款集中度分别与境外机构投资者持股比例的关系在1%的水平上显著负相关，同时，境外机构投资者持股比例对未上市城商行贷款总量、拨备覆盖率的影响也通过了5%的显著性水平检验，且相关系数符号与前文结论一致，这也进一步验证了本文的假设。

表9至表10给出了城商行上市和未上市时，境外机构投资者持股比例对我国城商行影响的回归结果。通过以上分析，表明不论是上市还是未上市，境外机构投资者持股比例与我国城商行各贷款行为变量的关系在统计上都显著，这也在一定程度上证明了模型的稳健性。

五、主要结论与启示

境外机构投资者对我国银行的影响一直受到理论界和实务界的广泛关注，本文从持股比例的视角出发，验证了境外机构投资者引入对我国城商行贷款行为的影响。本文以2007—2013年我国城商行作为样本，通过手工收集各指标数据，最终构建实证模型，分析境外机构投资者持股比例对我国城商行贷款总量、贷款风险、贷款集中度的影响，文中还探究了股权集中度和境外机构投资者持股制衡度的影响，并对各具体贷款行为与不良贷款积累的关系、境外机构投资者影响我国城商行不良贷款的路径进行了探索。

结果表明，境外机构投资者持股比例的提高会降低贷款集中度和贷款资产比及存贷比，提高拨备覆盖率并降低不良贷款率；股权集中度会弱化境外机构投资者持股的影响效应，而持股制衡度会强化境外机构投资者持股的影响效应。进一步的研究表明，境外机构投资者通过提高拨备覆盖率、降低单一最大客户贷款集中度以及降低贷款资产比来减少不良贷款的积累。

本文的结论表明境外机构投资者的引入对我国城商行贷款行为的多个方面都有积极的影响，同时银行自身的治理特征等会对这种影响具有一定的调节作用，为此城商行改革应从以下两个方面着手：一方面要完善境外机构投资者引入机制，遵循银监会的五个原则四条标准与境外机构投资者形成机构联盟，促进自身的发展；另一方面是要完善自身内部治理结构，主要包括股权结构的优化、董事会运行的有效性等等，这将是实现我国城市商业银行可持续发展的根本之所在。

参考文献：

[1] Eller, M. Foreign Direct Investment in the Financial Sector and Economic Growth in Central and Eastern Europe: The Crucial Role of the Efficiency Channel. Emerging Markets Review, 2006, 7(4):300-319.

[2] Geroge, R. G., Clarke, R. C., Mary, M. Shirley Bank privatization in developing countries: A summary of lessons and findings. Journal of Banking and Finance, 2005, 29(8-9):1905-1930.

[3] Jalal, D. A.,Allen, N. B., David, B. H. The Effects of Megamergers on Efficiency and Prices: Evidence from a Bank Profit Function. Review of Industrial Organization, 1997, 12(1):95-139.

[4] Rowena, J. Alternative Methods to Examine Hospital Efficiency: Data Envelopment Analysis and Stochastic Frontier Analysis. Health Care Management Science, 2001, 4(2):103-115.

[5] Wen, Z., Chang, L., Hau, K. T., Liu, H. Testing and Application of the Mediating Effects. Acta Psychological Sinica, 2004, 36(6): 614-620.

[6] 陈文哲，郝项超，石宁．境外战略投资者对银行高管薪酬激励有效性的影响——基于我国商业银行数据的分析[J].金融研究，2014(12)：117-132.

[7] 房莉．上市公司股权结构与公司绩效相关性研究[M].北京：北京邮电大学出版社，2013.

[8] 郝项超．商业银行所有权改革对贷款定价决策的影响研究[J].金融研究，2013(4)：43-56.

[9] 龙振海．机构投资者与公司价值关系研究——来自上市公司要约收购的证据[J].南开管理评论，2010(4)：35-43.

[10] 钱先航，曹廷求，李维安．晋升压力、官员任期与城市商业银行的贷款行为[J].经济研究，2011(12)：72-85.

[11] 邱兆祥，刘远亮．我国银行业引进境外战略投资者效应的实证研究[J].金融理论与实践，2009(12)：7-9.

[12] 石凡，陆正飞，张然．引入境外战略投资者是否提升了公司价值——来自H股公司的经验证据[J].经济学(季刊)，2009(1)：231-248.

[13] 史建平．国有商业银行改革应慎重引进外国战略投资者[J].财经科学，2006(1)：7-13.

[14] 宋增基，徐叶琴，陈科．引入境外战略投资者前后商业银行公司治理特征比较研究[J].管理评论，2009(4)：26-33.

[15] 孙兆斌．股权集中、股权制衡与上市公司的技术效率[J].管理世界，2006(7)：115-124.

[16] 王秀丽，鲍明明，张龙天．金融发展、信贷行为与信贷效率——基于我国城市商业银行的实证研究[J].金融研究，2014(7)：94-108.

[17] 吴玉立．境外投资者对中国银行业影响的实证分析[J].经济评论，2009(1)：93-98、114.

[18] 徐莉萍，辛宇，陈工孟．股权集中度和股权制衡及其对公司经营绩效的影响．经济研究，2006(1)：90-100.

[19] 姚铮，汤彦峰．商业银行引进境外战略投资者是否提升了公司价值——基于新桥投资收购深发展的案例分析[J].管理世界，2009(S1)：94-102、133.

[20] 尹志超，钱龙，吴雨．银企关系、银行业竞争与中小企业借贷成本[J].金融研究，2015(1)：134-149.

[21] 张健华，王鹏．中国银行业广义Malmquist生产率指数研究[J].经济研究，2010(8)：128-140.

[22] 张敏，张雯，马黎珺．金融生态环境、外资持股与商业银行的关联贷款[J].金融研究，2014(12)：102-116.

[23] 赵景文，于增彪．股权制衡与公司经营业绩[J].会计研究，2005(12)：59-64、96.

[24] 朱盈盈，李平，曾勇，何佳．引资、引智与引制：中资银行引进境外战略投资者的实证研究[J].中国软科学，2010(8)：70-80、105.

A Study on Foreign Institutional Investors' Shareholding and City Commercial Bank's Loan Behavior

Zhang Yaowei Liu Siqi Zeng Ling

(Business School, Nankai University; Tianjin300071)

Abstract:Based on the data of 22 city commercial banks between 2007 and 2013, the paper analyzes the relation between institutional investor shareholding and city commercials' loan behaviors, explores the effects of share concentration and institutional investor shareholding restriction on the relations. Empirical research shows that: 1. The increasing of institutional investor shareholding will decrease the long loan proportion、loan concentration and loan risk; 2. The restriction of institutional investor shareholding will strengthen the negative relation between institution investor shareholding and loan risk, and the share concentration of commercial bank will weaken the negative relation; 3. The institutional investor decreases bank risk mainly through increasing provision coverage、decreasing loan concentration and reducing loan-asset proportions.

Keywords:institutional investor; city commercial bank; loan behavior

组织间关系网络对创新能力的影响研究
——考虑二元式学习的中介作用①

辛 冲 李 蕊

(东北大学工商管理学院,沈阳110169)

摘要: 面对经济全球化和激烈的竞争环境,企业通过自身构建的关系网络,实现了对资源的有效利用,提升企业的创新能力。基于二元路径的视角,本文将组织间关系网络、二元式学习的概念多维化,从二元路径的视角入手,探讨了组织间关系网络、二元式学习和创新能力之间的作用机制,研究二元式学习在组织间关系网络和创新能力之间扮演的角色,为企业的经营和发展提供相关的借鉴和启示。

关键词: 关系网络;创新能力;二元式学习;企业绩效

一、引 言

当今经济全球化的背景下,众多企业跨越了国家间的壁垒,不断互通往来,贸易的数量与质量持续升级,逐渐形成了一张错综复杂的关系网络。国际分工形式的不断细化,促使拥有着低成本优势的中国企业迅速占据了全球网络的重要结点;而置身于关系网络中各个结点的企业所能发挥的价值也远远大于其独立发展获得的成就。与此同时,企业的创新能力对其核心竞争力有着显著的影响。因此,企业通过发展组织间的联系获取技术和互补性资源,以求促进创新活动的开展,这已然成为企业最为重要的发展战略之一(辛冲等,2013)。

在企业中,组织间关系网络与创新能力之间的关系呈正相关,而二元式学习在两者中扮演着类似媒介的角色。研究发现,在以产业为基点的企业两类关系网络中,内部网

① **基金项目:** 国家自然科学基金项目(71102119;71672030);中央高校基本科研业务费项目(N140604002);教育部人文社会科学研究基金项目(16YJA630060);辽宁省社会科学规划基金项目(L15CGL015)。

作者简介: 辛冲,东北大学工商管理学院副教授,硕士研究生导师;李蕊,东北大学工商管理学院,硕士研究生。

络和外部网络分别对产品的创新效率、创新绩效在不同的程度上有促进作用(董振林和邹国庆,2016)。前沿的信息与知识有助于激发企业的创新灵感,制造出新的产品,但它们往往不是静止的,通常在企业的关系网络间流动与传播。从企业实践来看,团队绩效往往取决于通过学习的方式将收获的有限资源转化为创新性产品的能力(韵江等,2015)。二元式学习对组织创新有直接影响,二元式学习可以改善组织的共同观念和行为,进而提高组织的绩效(于海波等,2007)。

虽然有研究指出二元式学习在关系网络和企业绩效之间具有桥梁的作用,但从二元路径的角度出发,组织间关系网络的特征对创新能力的影响机理以及二元式学习在其中所起的作用尚未形成完整的理论体系。鉴于此,本文认为有必要在理论层面做进一步的分析和探讨。本文基于二元路径的视角,重点探讨企业组织间关系网络、利用式学习以及探索式学习对创新能力的作用机制,为企业有效管理组织间关系网络来提升企业的创新能力提供有益的借鉴和启示。

二、研究综述

本部分主要在梳理已有文献的基础上,对组织间关系网络、二元式学习和创新能力进行分析,为进一步探究不同变量之间的作用机制奠定基础。

(一)组织间关系网络

组织间关系网络是指两个或两个以上维持长期稳定关系的企业之间形成的介于外部市场与内部组织层级之间的联系方式(Powell et al.,2005)。企业关系网络不仅是企业间关系的集合,而且其中还包含资源的关系。企业间的资源配置使得企业关系网络在某种程度上具备了“市场”的特征,这一特征令企业与市场的边界变得模糊,所以企业关系网络有时也被称作“无边界的企业”。

目前国内外学者大多基于企业社会资本理论对组织关系网络进行研究,组织间关系网络中的“嵌入性”概念将网络嵌入分为“结构”和“关系”两个维度。其中,结构维度是指组织在网络中的位置对资源的掌控力;关系维度则是指组织之间的相互作用在网络中的强度和方向等(Granovetter,1985)。在将企业抽象为网络中的不同结点的前提下,由于这些企业对应结点位置不同,不同企业的网络结构特征各异,从而对企业的资源获取以及对外交互产生影响(Nonaka&Takeuchi,1995)。虽然现实世界中的组织间关系网络往往是复杂多变的,但为了切实挖掘组织间关系网络的影响作用,本文综合以上学者的观点,分别从“关系”和“结构”两个维度选取网络中心度、网络联结强度和网络规模三个方面来衡量外部网络结构特征。

网络中心度是信息在网络中流动能力的一个重要的衡量标准(Owen-Smith&Powell,2004)。网络中心度体现的是网络成员在网络中的权利或地位,反映的是联结关系在网络中的分布情况(Echols &Tsai,2005)。企业网络中心度越高,获取资源的优势越明显,相应的获取的信息也就越多(Bae&Gargiulo,2004),加之企业对于相关技术的掌握和控制力,就会提高产品的竞争力以及市场份额,使企业拥有更大的创新优势。

网络联结强度是指企业与消费者、供应商、竞争者、政府等网络成员的关系密切程度,分为强弱两种联结方式。强联结是指企业与网络成员间关系紧密或互动频繁,而弱联结则恰好相反(Granovetter,1985)。强弱联结都会影响企业的绩效,但是强联结以转化现有信息和资源为主,而弱联结更加有利于新的信息资源在网络中的流动。网络成员之间的联系越紧密,越有利于双方采取互惠互利的决策与行为(Krackhardt,1992),促进了网络成员间的交流。

网络规模是指网络中结点的数量,网络成员的资源异质性越强,越有利于其发展。研究发现,一个企业所处的网络规模与企业的绩效呈正相关(Ahuja,2000;Vanhaverbeke et al.,2009),而且联结规模的大小影响企业收集信息的可能性和复杂程度,进而影响有价值资源的获取,所以大型企业往往更有可能建立研发联盟(Barney,1991),促进创新产出,以达到提高企业绩效的目的(Vanhees,2006)。

(二)二元式学习

二元式学习是包含个体、组织、社会等多个层次动态参与的一个复杂过程,这个过程还包括一些子过程,比如感知、说明、整合和制度化等(戴万稳和蒋建武,2010)。企业二元式学习的基本内涵是对外部环境进行感知,对发生的变化做出相应的调整,以获取竞争优势(Cross et al.,1999)。当代企业的生存环境具有相当大的复杂性和动态性,这需要企业能够有效感知环境变化,从而提升自身生存与发展的能力。

探索式学习和利用式学习并称“二元式学习”。探索式学习是指企业通过多样有计划的试验和尝试,完全脱离已有的认知领域来获取新知识;利用式学习则是指企业深入挖掘现有的知识领域,对现有的技术范式进行提炼(Atuahene,2005)。探索式学习推动企业探索新的知识从而带来根本性变革,但由于新知识的获取具有不确定性,探索式学习活动也具有很强的不确定性;相比之下,利用式学习扎根于稳定的环境,对现有的知识进行加工改造以寻求转化升华的机会,因此利用式学习相对更加确定。探索式学习与利用式学习并存于组织之中,但两类学习基于不同模式的知识流,其实现的方式和流程也完全不同。

企业生存和发展既需要对现有的知识和技能进行应用式地开发来提高效率,又需要通过汲取全新的知识进行探索式地开发实现企业的创造力。但组织的资源是有限的,两者就需有所权衡。过度采用利用式学习容易使企业陷入保守主义、依赖性强的境地,使企业无法应对复杂多变的环境;过分依赖探索式学习会使企业因为经验的缺乏而经常性的遭受失败,导致企业的变革与创新的积极性受挫。因此,深入挖掘“利用——探索”式二元学习的作用机理,平衡这两类学习方式在组织间关系网络中的作用,是提升组织创新能力的关键。

(三)创新能力

创新能力是现代企业快速发展的核心价值,是许多个体在一个复杂的社会系统下合作工作,产生有价值的、有用的新产品、服务或者程序(张敏和丁传奉,2005)。与一般的独立个人或团体创新不同,在组织间关系网络中,企业创新主要体现在通过组织间的互动实现知识的产生、获取、传递和积累的一系列过程,调动各方面的积极性,完成技术、管理和制度的协同创新,达到企业的整体目标。有的人认为信息是客观存在的,不会改变它的本质,但在传播的过程中,不同个体对信息的理解和加工使其带有主观色彩。因此,基于信息的变化,企业的创新过程也具有动态性。

根据动态模型的思想,可以将企业创新能力划分为:变异感知能力、信息诠释能力、创新决策能力与创新实施能力等四个模块(张军等,2014)。第一,变异感知能力是指企业在创新过程中对信息的高度敏感性,主要表现为善于搜索和开发所有的资源,及时发现其中的热点和亮点;第二,在获取了信息后,能否正确理解和利用是企业创新中的关键一环,否则,放错了位置的宝贵“财富”也会变成垃圾,信息诠释能力是衡量这一重要能力的指标;第三,无论是企业还是个人,在任何创新活动中,任何决策的结果均存在一定的不确定性。创新决策能力反映了在风险存在的情况下,企业依据对事物的科学认识与信息的精准分析,对创新活动下一步行动的指导能力;第四,任何没有付诸行动的计划都是空中楼阁,创新实施能力要求企业把汲取的知识和创意转化成新产品、新制度或新系统,最终服务于组织并为其创造效益。基于组织适应性的创新能力理论,以上四个模块能力以循环的动态方式发挥作用,四者相辅相成,缺一不可。

创新是企业持续稳步发展的重要战略,企业无论是通过变革还是演化的方式,都需要不断地进行创新(Gupta et al.,2007),因此组织的创新能力受到企业和学者的广泛关注。关于创新的研究由来已久,学者们从不同层次(个人、团队、组织、联盟以及产业层次)都对创新的影响因素、过程、结果、范围、程度等众多方面进行了深入的探讨,并形成了丰富的理论成果。在此基础上,本文主要基于组织间关系网络和二元式学习的视角集中探讨创新能力的影响因素。

三、研究命题

(一)组织间关系网络对创新能力的影响

网络中心度体现了企业对于相关知识、技术等的掌控能力,无论是获取新知识还是利用现有知识改进产品。无论企业在关系网络中处于任何位置,网络中心度对提升创新能力均有所帮助。就行业中的成熟企业而言,他们早已占据关系网络的中心,为了维持其领先的竞争地位,建立相对严密的管理制度,防止有价值的信息、能力外流,而较高的网络中心度为其提供了便利;就行业中的新创企业而言,他们需要一定数量的专利建立自身的竞争优势,必须具有相关创新的信息支持,而强有力的联结网络有助于资源的收集,因此,争取有利的网络位置就变得尤为重要(Wellman,1983;Bae&Gargiulo,2004)。例如,在依靠高科技支撑的生物技术行业中,企业的网络中心度高,其创新绩效也相应得到提升(Powell et al.,1996)。基于以上论述,研究提出如下命题:

命题1a:网络中心度对企业的创新能力具有正向影响。

网络联结强度分为强、弱两种联结方式。根据强联结优势理论,在组织间网络关系中,联结关系越紧密,成员之间的借鉴和交流过程越顺畅,在一定程度上减少不确定性风险(郭劲光,2006),使得企业更愿意投入一些特质性资源,以提升自身的创新能力;强的联结方式有利于既有信息或资源的流动,而这些信息或资源往往具有较高的质量和较为复杂的内涵(Granovetter,1985)。与强联结相对应的弱联结理论则认为,弱的联结方式通过局部的中介效应提供异质性的、多样化的信息或资源,同样能够促进其在关系网络中的传递与流动,获得更高的企业创新能力。目前有研究证实,强联结和弱联结虽然方式不同,但对企业自身的创新能力都有显著影响(Bengtsson& Solvell,2004;池仁勇,2007)。基于以上论述,研究提出如下命题:

命题1b:网络联结强度对企业的创新能力具有正面影响。

在组织间关系网络中,网络规模对创新能力有显著的正向推动作用,体现在网络规模越大,其网络成员的资源异质性越强,企业在关系网络中所能获取的资源越多,实现创新的规模效应的可能性越大(Ahuja,2000;Vanhaverbeke et al.,2009)。Batjargal(2003)等人通过纵向数据研究指出,企业所在的组织间关系网络中,拥有的关系数量与其创新绩效呈正相关。另外,有研究以生物技术行业为背景,指出组织间关系网络中的企业通过增加与外部联系的紧密程度获取资源进行创新,网络规模数量越大,企业的创新能力越显著(Shan&Kogut,1994)。网络规模的大小影响关系网络中企业收集信息的难易程度,进而影响特质性资源的获取,所以大型企业往往更有可能建立研发联盟。而研发联盟的作用是促进企业的创新产出，提高企业的创新能力(Barney，1991)。基于以上论述，研究提出如下命题：

命题1c：网络规模对企业的创新能力具有正面影响。

(二)组织间关系网络对二元式学习的影响

网络中心度是组织间关系网络的一个重要维度，对于企业知识收集具有促进作用。位置中心度高的企业通常合作伙伴会更多，关系会更紧密。首先，组织间关系密切会加速知识信息的传播，降低中心企业获取知识的成本；其次，现有的信息或知识在关系网络的作用下传播，同行企业的工作流程与制度安排通常具有相似性，使得企业触类旁通地推断，最终洞悉竞争对手的运营情况，在激烈的商战中抢占先机；再次，中心度高的企业凭借地位的优势，分析并筛选信息和知识，排除冗余信息的干扰，对于关键新知识的获取有非常重要的影响(Dyer&Nobeoka，2000)；最后，中心位置也有利于企业更好地把握、协调与控制整个网络的运行和活动。

在不同的创新模式下，企业在组织间关系网络中的位置对不同的二元式学习模式会产生影响。研究结果表明，利用式学习有利于渐进式创新，探索式学习有利于突破式创新(潘松挺和郑亚莉，2011)。一方面，利用式学习是强调在现有知识和工具的基础上，进行深入地挖掘和探究。在此过程中，企业在有限的领域里，利用现有专利与技术累积、巩固与深化，而关系网络提供结构相似的信息，网络中心度高的企业在信息集成方面有优势，有助于当前技术快速地更新换代，从而间接地达到渐进式创新的目的。另一方面，探索式学习是面临未知的领域，开展对新技术、新知识和新产品的探索，其前景空间相当巨大，一旦取得突破式成果，不仅获得利润巨大的市场空间、技术空间与创业空间，还能改写所在行业的发展历史，开辟新篇章，存在可能性的优厚利益诱使企业从未放弃探索开发，关系网络里异质性的信息资源成为了关键，网络中心度高的企业占据了有利条件，节约了开发成本，向突破式创新迈进了一步。基于以上论述，研究提出如下命题：

命题2a：网络中心度对企业的利用式学习与探索式学习均具有正面影响。

在组织间关系网络中，不同的联结强度会影响企业不同类型的知识和信息的传递，进而影响企业的学习模式和创新能力。Rowley(2000)等人通过对钢铁产业(被认为是相对稳定的、更多利用现有技术和资源的产业)和半导体产业(被认为更具探索性的、灵活度更大的产业)的实证研究，将利用式和探索式活动作为调节变量，考察强弱两种联结方式在不同产业背景下对组织绩效影响差异。研究结果表明，利用性知识有助于强联结提高组织绩效，而不利于弱联结；探索性知识有助于弱联结提高组织绩效，而不利于强联结。

组织间关系网络中强联结的企业间关系密切，网络间所传递的资源与企业自身的知识结构类似，加之接触频繁，彼此之间的信任程度高，这种交互水平和情感投入就会促进企业之间复杂精准的知识转移和已有知识的深入发掘，从而对利用式学习产生正面作用；而弱联结的企业关系则不那么紧密，他们所传递的知识具有异质性、非冗余化、不熟悉、深入程度不高的特征，反而有助于企业脱离既有行业领域的局限转而进行大范围的知识搜索和关系联结，为企业的探索式学习活动提供广阔空间。基于以上论述，研究提出如下命题：

命题2b：强联结组织对企业的利用式学习具有正面影响，弱联结组织对企业的探索式学习具有正面影响。

网络规模的大小与企业汲取知识的能力息息相关。在一个庞大的组织间关系网络中，企业可以通过自身的各种社会关系和渠道，从熟稔且信任度高的组织或部门获得真实而有价值的信息，大大降低了获取资源的获取成本，在此过程中排除了冗余且无用的部分，保持了信息的多样性，最终提高了企业的工作效率。组织间关系网络的规模越大，这种效应就越明显。

利用式学习主要是整合企业内部已有的信息和资源，从原有产品的基础上衍生更加成熟的新产品。企业以利用式学习的方式扩展得到新产品，较大的网络规模为其提供了巨大的隐形市场，增加了销售渠道，减少了宣传和发行的成本。而探索式学习主要是在前所未有的领域里，既没有问题又没有答案，通过现有知识库加入异质性的信息，激发灵感创造新知识，从而在开辟的新市场中得到先入者的优势。巨大的网络规模为众多企业，尤其是新创企业，提供了机会识别，只有识别了客户群体潜在的，必要的隐形需求，才能在创新活动中找到独特的立足点，进而开拓出尚未饱和的新市场。同时，企业进行探索式学习是以巨大的金钱、时间和资源为代价的，且在过程中充满了不确定性，相对利用式学习花费的时间短见效快，企业从该渠道获得的利润可投放在探索式学习，两者互为依靠，共同作用。基于以上论述，研究提出如下命题：

命题2c：网络规模对企业的利用式学习和探索式学习均具有正面影响。

（三）二元式学习对创新能力的影响

面对激烈的市场环境，企业越来越难于建立持续的竞争优势，而创新就成为了企业发展的重要手段（Garcia et al.，2003）。在开展二元式学习活动时，企业既可以通过已有产品改进获得竞争优势，也可以选择持续引进全新的先进的技术或知识来提升企业的创新能力。企业的利用式学习是利用现有的资源和技术提高和拓展自身的学习能力，通过对获得的既有知识和信息的有效转化和利用来提升技术创新能力，从而提高企业创新能力(Yalcinkaya et al.,2007)。与前者相比,企业通过探索式学习接近新的知识可以改善吸收能力,为以后对外部知识的吸收提供基础(于海波等,2008)。探索式学习可以帮助企业推出新的产品,提高服务水平与顾客让渡价值,进而将产品和服务向全新的市场领域延伸,从而显著提升企业的创新能力。基于以上论述,研究提出如下命题:

命题3:利用式学习与探索式学习对企业的创新能力均具有正面影响。

(四)理论模型的构建

本部分从多维度的角度分析组织间关系网络(包括网络中心度、网络联结强度、网络规模)、二元式学习(包括利用式学习、探索式学习)和创新能力之间的作用关系,提出相关研究命题,以期对影响创新能力的因素有着进一步深入的了解。根据本文的研究建构,我们设计了概念模型,如图1所示。

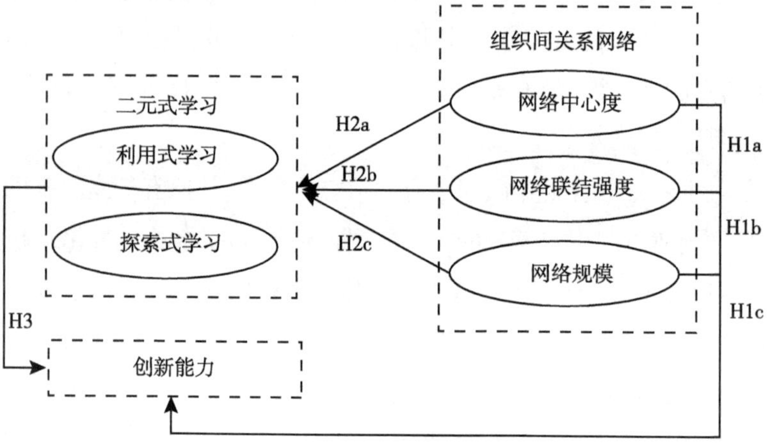

图1 本研究概念模型

四、研究启示

本研究基于二元路径的视角,重点探讨企业组织间关系网络、利用式学习以及探索式学习与创新能力之间的关系,在对相关概念的内涵进行剖析的基础上,通过将其进行维度化处理来深入探讨它们之间的作用机理。通过分析,本文得出以下结论:组织间关系网络分别在网络中心度、网络联结强度、网络规模三个方面对于企业提升创新能力具有正面影响;基于利用式学习和探索式学习两个路径,二元式学习在组织间关系网络与创新能力之间具有中介作用。

根据本研究的结论,本文从组织间关系网络的角度提出以下的建议:①企业要逐渐实现网络中心位置的提升,获取高质量的知识与信息,取得话语权、定规权、资源优先权,为以后的创新转型把握先机。②根据企业今后的发展方向，建立具备适当联结强度的网络关系，促进既有信息与革新知识的快速流通。③建立一定规模的关系网络，满足企业获取多元、异质特征网络资源的需求，丰富企业的资源获取渠道，促进企业创新能力的发展。

参考文献：

[1] Ahuja, G. Collaboration Networks, Structural Holes, and Innovation: A Longitudinal Study. Administrative Science Quarterly,2000,45(3): 425-455.

[2] Atuahene, G. K. Resolving the capability: Rigidity paradox in new product innovation. Journal of Marketing, 2005, 69 (4): 61-83.

[3] Bae, J., Gargiulo,M. Partner Substitutability, Alliance Network Structure, and Firm Profitability in the Telecommunications Industry. Academy of Management Journal,2004,47(6): 843-859.

[4] Barney, J. B. Gaining and Sustaining Competitive Advantage. Prentice Hall, 1991.

[5] Batjargal, B., Liu, M. Social capital and entrepreneurial performance in Russia: a longitudinal study. Organization Study,2003, 24(4): 535-555.

[6] Bengtsson, M., Solvell, O. Climate of competition, cultures and innovative performance. Scandinavian Journal of management, 2004, 20(3): 225-244.

[7] Cross, M., Lane, H., White, R. An Organizational Learning Framework: From Intuition to Institution. Academy of Management Review,1999, 24(3): 522-537.

[8] Dyer, J. H., Nobeoka, K. Creating and Managing a High-Performance Knowledge-Sharing Network: The Toyota Case. Strategic Management Journal, 2000, 21(3): 345-367.

[9] Echols, A.,Tsai, W. Niche and Performance: The Moderating Role of Network Embeddedness. Strategic Management Journal, 2005,26(3): 219-238.

[10] Garcia, R., Calantone, R. J., Levine, R. The role of knowledge in resource allocation to exploration versus exploitation in technologically oriented organizations.Decision Sciences, 2003, 34(2): 323-350.

[11] Granovetter, M. Economic Action and Social Structure: The Problem of Embeddedness. American Journal of Sociology, 1985, 91(3): 481-510.

[12] Gupta, A. K., Tesluk, P. E., Taylor, M. S. Innovation at and across multiple levels of analysis. Organization Science, 2007, 18(6), 885-897.

[13] Krackhardt, D. The Strength of Strong Ties: The Importance of Philos in Organizations, in N.Nohria and R. G. Eccles (Eds.), Networks and Organizations: Structure, Form, and Action. Boston: Harvard Business School Press, 1992.

[14] Nonaka, I.,Takeuchi, H. The Knowledge-creating Company: How Japanese Companies Create the Dynamics of Innovation. Oxford: Oxford University Press,1995.

[15] Owen-Smith, J., Powell, W.W. Knowledge Networks as Channels and Conduits: The Effects of Spillovers in the Boston Biotechnology Community. Organization Science,2004,15(1): 5-21.

[16] Powell, W. W., Koput, K.W., Smith-Doer, L. Inter-organizational collaboration and the locus of innovation: Networks of learning in biotechnology. Administrative Science Quarterly,1996, 41(1): 116-145.

[17] Powell, W.W.,White, D.R.,Koput,K.W. et al. Network Dynamics and Field Evolution: The Growth of Inter-organizational Collaboration in the Life Sciences. American Journal of Sociology,2005, 110(4): 1132-1205.

[18] Rowley, T, Behrens, D.,Krackhardt, D. Redundant governance structures: An analysis of structural and relational embeddedness in the steel and semiconductor industries. Strategic Management Journal,2000, 21(3):369-384.

[19] Shan, W., Walker, G., Kogut,B. Inter-firm cooperation and start-up innovation in the biotechnology industry. Strategic

Management Journal,1994, 15(5): 387-394.

[20] Vanhaverbeke, W., Gilsing, V., Beerkens, B. et al. The Role of Alliance Network Redundancy in the Creation of Core and Non-core Technologies. Journal of Management Studies,2009, 46(3): 217-219.

[21] Vanhees, L. The Effect of a Biotechnology SMES's Network Position on its Innovative Performance. Working Paper, Hasselt University. Department of Business Administration. 2006(2): 48.

[22] Wellman, B. Network analysis: Some basic principles. Collins R. Sociological Theory. San Francisco: Jossey Bass, Inc, 1983.

[23] Yalcinkaya, G., Calantone, R.J., Griffith, D.A. An examination of exploration and exploitation capabilities: implications for product innovation and market performance. Journal of International Marketing,2007, 15(4): 63-93.

[24] 池仁勇.区域中小企业创新网络的结点联结及其效率评价研究[J].管理世界,2007(1):105-127.

[25] 戴万稳,蒋建武.交易型领导与二元式学习过程[J].管理学报,2010(9): 1291-1296.

[26] 董振林,邹国庆.企业外部关系网络与产品创新绩效关系研究[J].华东经济管理,2016(6):135-143.

[27] 郭劲光.网络嵌入:嵌入差异与嵌入绩效[J].经济评论,2006(6):24-30.

[28] 潘松挺,郑亚莉.网络关系强度与企业技术创新绩效——基于探索式学习和利用式学习的实证研究[J].科学学研究,2011(11):1736-1743.

[29] 辛冲,郭莉,戚桂清.组织间关系与创新绩效的前沿探析与趋势展望[J].工业技术经济,2013(9):153-160.

[30] 于海波,方俐洛,凌文辁.组织学习及其作用机制的实证研究[J].管理科学学报,2007(5):48-59.

[31] 于海波,郑晓明,方俐洛,凌文辁.中国企业开发式学习与利用式学习平衡的实证研究[J].科研管理,2008(6):138-143.

[32] 韵江,卢从超,杨柳.双元学习与创造力对绩效的影响:一个团队层面的研究[J].财经问题研究,2015(5):3-11.

[33] 张军,许庆瑞,张素平.企业创新能力内涵、结构与测量:基于管理认知与行为导向视角[J].管理工程学报, 2014(3):1-10.

[34] 张敏,丁传奉.管理学教程[M].北京:北京大学出版社,2005.

Research on the Impact of Inter-organizational Relationships Network on Innovation Capability: Consedering the Mediating Effect of Ambidextrous Learning

Xin Chong Li Rui

(School of Business Administration, Northeastern University, Shenyang110169)

Abstract:Confronting economic globalization and fierce competitive environment, enterprise could gradually finish the effective utilization of resourses, and thus improve its innovative capability through its own construction of the relationships network. Based on the perspective ofambidextrous path, the study multiply dimensions the concept of inter-organizational relationships network and ambidextrous learning, and then discusses the mechanism of action among them from the standpoint of new dimensions, studying the character which ambidextrous learning plays between inter-organizational relationships network and innovation capability,in order to supply relevant enlightenment about enterprising management.

Keywords: inter-organizational relationships network; innovative capability; ambidextrous learning;enterprise performance